CRM

Les clés de la réussite

Éditions d'Organisation
1, rue Thénard
75240 Paris Cedex 05
www.editions-organisation.com

Chez le même éditeur

Alain Bernard, Djamel Khames, *Le Multicanal au service de la relation client*, 2004.
Béatrice Brechignac, *Le Marketing des services*, 1998.
Jean-Marc Lehu, *L'encyclopédie du Marketing*, 2004.
Pierre Morgat, *Fidéliser vos clients*, nouvelle édition, 2004.

© Éditions d'Organisation, 2004
ISBN : 2-7081-3187-7

Pierre ALARD
Pierre-Arnaud GUGGÉMOS

CRM

Les clés de la réussite

Préface de Patrick GOUNELLE
Président de Ernst & Young

**Éditions
d'Organisation**

Pierre ALARD

Ingénieur ESIM et MBA HEC, est un spécialiste du CRM en France. Il développe cette compétence depuis 1989, d'abord dans le Groupe Paribas où il participe au développement des nouveaux modes relationnels du Cetelem avec la Carte Aurore, de Cortal, de Banque Directe, puis chez Andersen Consulting devenu Accenture et enfin chez Ernst&Young où il crée l'activité CRM en 1998.

En 2003 il crée le cabinet CRC -Croissance Rentabilité Client- spécialisé dans le CRM et la gestion multicanale. Il s'est associé à Pierre-Arnaud Guggémos pour fonder CRCconsultant.

Il a publié en 2000 en collaboration avec Damien Dirringer son premier ouvrage sur le CRM « La stratégie de relation client ».

Il enseigne la relation client à HEC et au CNAM.

Pierre-Arnaud GUGGEMOS

a passé plus de 10 ans dans le groupe Compagnie Générale des Eaux, Véolia aujourd'hui, en tant que directeur de projet, architecte de système d'information et responsable de missions d'organisation. Il a été un acteur de l'évolution de la relation client, de la gestion des contrats à la gestion des clients. Parmi les nombreux projets qu'il a pilotés, le plus marquant a été l'obtention de la première certification ISO9001 d'une exploitation d'eau.

Il entame ensuite une vie de consultant, d'abord chez Ernst&Young puis chez Fi System, avant de créer avec Pierre Alard le cabinet CRC consultant. Il a des compétences multisectorielles et a notamment à son actif le pilotage de la refonte des objectifs du plan CRM mondial de Renault-Nissan.

Sommaire

Les quatre leviers
de la réussite du CRM

Études de cas

Remerciements

Nous tenons à remercier tous ceux qui nous ont aidés à l'élaboration de ce livre, collègues, collaborateurs, amis ou clients.

Nous remercions Monsieur Patrick Gounelle, Président de Ernst et Young, qui a préfacé cet ouvrage ; Monsieur Julien Lévy, Professeur à HEC, qui a largement contribué à l'écriture du chapitre préliminaire ; Monsieur Damien Dirringer, Directeur chez Cisco, pour son expertise sur les enjeux technologiques du chapitre 5.

Nous remercions tout particulièrement les dirigeants des cinq entreprises dont l'expérience relationnelle sert aux démonstrations et enseignements de l'ouvrage. Ils ont accepté que soient rapportées de façon directe, les raisons de leur succès comme les difficultés qu'ils ont rencontrées.

Nos vifs remerciements s'adressent :

Pour Les Services Financiers de La Poste, à Monsieur Jean-Marc Pailhol, Directeur Commercial et Marketing et à Messieurs André Taboni, Thierry Blanville et Philippe Escaffre ;

Pour Lexmark, à Monsieur Najib Bahous, Vice-President et President de la division Consumer Printer, et à Madame Béatrice Marneffe, Manager of Government Affairs EMEA ;

Pour Rhodia EP, à Monsieur Jean-Claude Steinmetz, Président Directeur Général ;

Pour Lafarge Mortiers, à Monsieur Patrick de Belloy, Président Directeur Général et à Monsieur Philippe Michielin, Directeur Commercial ;

Pour Peugeot, à Monsieur Christian Peugeot, Directeur Marketing et Qualité, et à ses collaborateurs Madame Nicole Séchet, Monsieur Lionel Tasse et Monsieur Eric Le Gendre qui ont suivi l'opération présentée dans le livre successivement dans les phases d'élaboration, de mise en œuvre puis de gestion.

Préface

de Patrick Gounelle
Président de Ernst & Young

Depuis le début des années 1990 bon nombre d'entreprises ont peu à peu pris conscience qu'elles étaient principalement plus préoccupées par les produits qu'elles vendent que par les souhaits de leurs clients. Elles ont de mieux en mieux compris l'intérêt d'une part de connaître leurs clients, d'autre part de maîtriser la relation avec eux.

À la suite de la crise économique récente est née la relation « multi-canal ».

Pour chaque entreprise il est devenu clair que les nombreux canaux – agence, téléphone, courrier, internet, ... - de mise en relation avec les clients devaient former un tout cohérent et optimisé.

Ce nouveau monde multicanal organisé autour du client et non plus autour du produit, offre plus de possibilités de proximité mais est plus complexe à maîtriser.

Les auteurs du livre ont cherché à comprendre pourquoi certaines entreprises avaient réussi cette mutation alors que d'autres exprimaient leur dépit devant le peu de résultats malgré l'importance des investissements consentis.

Dans le premier ouvrage *La stratégie de la Relation Client* paru en 2000, les auteurs, Pierre Alard et Damien Dirringer, ont cherché à expliquer à partir de nombreux exemples pourquoi développer une stratégie relationnelle et à partir de la méthodologie « customer connections » comment réussir le déploiement d'une stratégie relationnelle.

Dans le présent ouvrage, Pierre Alard associé cette fois-ci à Pierre-Arnaud Guggémos, proposent de décrypter les leviers de la réussite du CRM[1] au travers des expériences concrètes de cinq entreprises sur la période 1998-2003 en analysant les réponses aux quatre questions suivantes :

• Quel a été l'événement déclenchant l'orientation CRM dans l'entreprise ?

• Quels étaient les enjeux ?

• Quelle a été la démarche de transformation ?

• Quels sont les résultats obtenus ?

Que signifie pour une entreprise « être orientée client » ou bien « centrer l'entreprise sur les clients », « client first » disent les américains ?

Du point de vue de la stratégie de l'entreprise, « centrer l'entreprise sur les clients » c'est s'appuyer sur (ou exploiter) la relation client – et pour cela il faut en développer la gestion – afin de développer un avantage concurrentiel. Pour rester synthétique, si l'on se réfère aux cinq forces de la concurrence selon Porter (rivalité entre firmes du secteur professionnel, menace de nouveaux entrants, menace de l'arrivée de produits de substitution, position de force des fournisseurs, position de force des clients), cela signifie que la relation client peut contribuer à renforcer la position de l'entreprise vis à vis de chacune de ces cinq forces.

Du point de vue opérationnel, « centrer l'entreprise sur les clients » c'est mettre en place l'organisation – le dispositif relationnel – qui exploitera au mieux le portefeuille de clients par le développement du chiffre d'affaires et de la rentabilité de l'entreprise.

Le livre approfondit les aspects opérationnels et le « comment faire » ce qui se traduit par la conception puis la mise en œuvre du dispositif relationnel souhaité pour l'entreprise.

Concrètement, il s'agit de développer le dispositif relationnel en exploitant quatre leviers :

• La connaissance client ;

• La valeur client ;

---

1. CRM = Customer Relationship Management ou Gestion de la Relation Client (GRC).

- Le multicanal ;
- L'organisation et la culture.

Puis de passer à l'action en s'inspirant des démarches qui ont réussi.

Pour ce faire, le livre est structuré en quatre parties :

- Le chapitre préliminaire apporte un éclairage sur l'écart entre les discours sur le sujet et la réalité des entreprises au quotidien ;
- La première partie présente les quatre leviers de la réussite au travers de retours d'expérience concrets ;
- La deuxième partie est un support méthodologique pour concevoir un plan d'action ;
- La troisième partie a pour but d'illustrer tout ce qui a été évoqué précédemment de manière globale à travers deux études de cas.

Chapitre[1]
préliminaire

Le CRM ou *Customer Relationship Management* (Gestion de la Relation Client) est, encore aujourd'hui, un thème dominant dans les domaines de la gestion et de l'informatisation des entreprises. Des milliers d'articles, de brochures, de rapports, de conférences, des dizaines de livres semblent avoir autant répondu à une demande d'information du marché, qu'à une action de prospection des prestataires de service. Une recherche entreprise sur le terme « CRM » dans le moteur de recherche *Google* conduit ainsi au recensement de 3 090 000 documents disponibles en ligne sur le sujet.

L'objet de ce chapitre d'introduction est de clarifier les enjeux du CRM, d'adopter une démarche critique face aux argumentaires de vente et de souligner les apports véritables de la relation client pour les entreprises.

Nous proposons d'effectuer un bref rappel des concepts essentiels du CRM.

Définition et principes de la relation client

Définition de la politique de relation client

On peut définir la politique de relation client comme une démarche organisationnelle qui vise à mieux connaître et mieux satisfaire les clients identifiés par leur potentiel d'activité et de rentabilité, à travers une pluralité de canaux de contact, dans le cadre d'une

---

1. Chapitre écrit en collaboration avec Julien Lévy, professeur à HEC.

relation durable, afin d'accroître le chiffre d'affaires et la rentabilité de l'entreprise.

Reprenons les différents éléments de cette définition :

Une démarche organisationnelle. La relation client n'est une démarche ni technologique, ni départementale, mais avant tout un processus organisationnel.

Mieux connaître et mieux satisfaire les clients. Ces principes sont nécessairement au cœur de la gestion des relations clients (comme de toute démarche marketing) ; la connaissance des clients devant conduire à mieux satisfaire leurs attentes.

Identification par le potentiel d'activité et de rentabilité. Il n'y a pas de relation client sans leur identification par chiffre d'affaires généré et rentabilité car elle cherche à déboucher sur une adaptation des politiques et des budgets qui soit directement liée au potentiel des clients. Cependant il est important de distinguer l'activité actuelle et potentielle : un « petit client » bancaire peut, par exemple, être « multi bancarisé » et être un gros client potentiel. L'identification du potentiel est souvent délicate et passe par un faisceau d'indices qu'on cherche à déterminer. De plus, ce n'est pas seulement le chiffre d'affaires qui importe mais la rentabilité du client : certains gros clients peuvent être peu rentables en raison de la somme d'efforts et de services qu'ils nécessitent. Il est souvent difficile pour les entreprises d'estimer de façon précise la rentabilité de chaque client ; souvent la rentabilité est simplement évaluée par activité ou ligne de produits.

Pluralité de canaux de contact. La relation client s'inscrit clairement dans un contexte multicanal.

Relation durable. Contrairement à une approche transactionnelle, la relation client s'inscrit dans une relation durable qui passe par une série de transactions dans la durée.

Accroissement du chiffre d'affaires et de la rentabilité. La relation client ne peut pas avoir pour seule finalité la satisfaction de ce dernier, car l'objectif de cette politique est d'accroître les ventes et les profits de l'entreprise. Il faudra, de ce fait, toujours mettre en parallèle le coût des programmes et leur retour sur investissement et construire ce qu'on appelle dans le jargon des consultants un *business case*, c'est-à-dire un calcul prévisionnel de la rentabilité des investissements.

Les cinq étapes d'une démarche de relation client

On peut présenter le processus de gestion de la relation clients en 5 étapes.

LES ÉTAPES DE LA GESTION DE LA RELATION

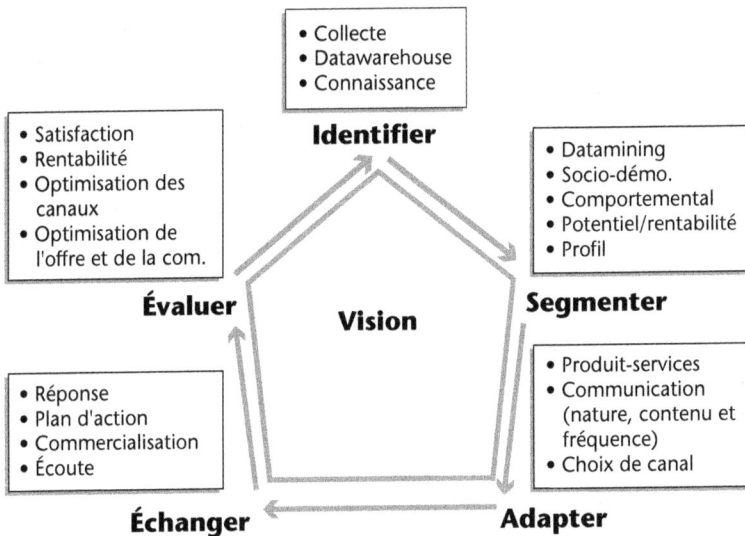

- Collecte
- Datawarehouse
- Connaissance

Identifier

- Satisfaction
- Rentabilité
- Optimisation des canaux
- Optimisation de l'offre et de la com.

- Datamining
- Socio-démo.
- Comportemental
- Potentiel/rentabilité
- Profil

Évaluer **Vision** **Segmenter**

- Réponse
- Plan d'action
- Commercialisation
- Écoute

- Produit-services
- Communication (nature, contenu et fréquence)
- Choix de canal

Échanger **Adapter**

>> Identifier

L'identification consiste à collecter des informations sur chaque client, ou du moins sur ceux qui ont été ciblés dans le plan d'action. Ces informations doivent pouvoir être formalisées et intégrées dans une base de données afin que l'entreprise bénéficie d'un mode de connaissance systématique et automatisé des clients.

Les sources d'information sont multiples : questionnaires, force de vente, comptabilité, cartes de fidélité, livraison, service après-vente, call center, internet, courrier, bases de données externes… Les entreprises ont souvent des bases de données partielles et imparfaites, mais elles ne doivent pourtant pas être négligées. **Construire une base de données de clients passe par quatre grandes étapes.**

Audit des sources d'information actuelles sur les clients, internes ou externes à l'entreprise.

Évaluation des sources d'information potentielles en termes d'intérêt, de coût et de faisabilité.

Définition d'une politique qui systématise la collecte d'information. Quels objectifs ? Quels moyens ? Quelles récompenses ? Pourquoi les salariés prendraient-ils de leur temps pour enregistrer des informations sur les clients ?

Évaluation de la faisabilité de l'intégration des bases de données existantes ; il vaut mieux parfois construire à partir des bases de données existantes et dans d'autres cas partir de zéro.

>> Segmenter

L'identification des clients est insuffisante, il faut analyser les données et regrouper les clients. La segmentation sur bases de données consiste à regrouper les clients à partir de caractéristiques communes susceptibles d'affecter leur comportement.

On pourra par exemple segmenter les clients en fonction de l'importance de leurs achats (petits, moyens, gros clients…), du type de produits achetés, de leur centre d'intérêt exprimé, de leur probabilité calculée de défection, etc. La segmentation par rentabilité est un type de segmentation extrêmement important pour conduire une politique relationnelle.

Le *scoring*, qui consiste à attribuer des points en fonction de l'accumulation d'indices, est une technique très utilisée afin de calculer la probabilité d'une réponse positive à une stimulation. Cependant, si le principe est simple, l'application est difficile : les scores sont souvent trop mécaniques et catégorisent de façon trop figée

UN EXEMPLE DE COLLECTE D'INFORMATIONS EN LIGNE

Le club Lancôme propose aux clients des bénéfices tangibles en échange d'informations personnelles.

les clients. Il faut définir les indices pertinents qui soient prédictifs d'un comportement. **Canal +** a consacré par exemple des mois d'efforts pour déterminer les facteurs susceptibles de favoriser le désabonnement. Ces facteurs sont multiples. Ils ont été regroupés en grandes catégories et on en a mesuré l'importance. Il a fallu ensuite passer des facteurs à des indices mesurables susceptibles de rendre compte de ces facteurs.

Une lettre de réclamation a-t-elle été envoyée ?

De quelle façon l'abonné avait-il été recruté ?

Quelle est la probabilité d'un déménagement ?

Le service de fidélisation de **Canal +** peut alors sortir des listes d'abonnés ayant un score élevé en termes de risque de désabonnement, regroupés par grands types de facteur. Il revient alors au service de marketing direct de faire des offres et d'adopter un plan de communication préventif adapté à chacun de ces segments.

> Une entreprise de cosmétiques a segmenté ses clients en trois groupes : gros, moyens, petits. Une analyse de sa clientèle a permis de conclure que 75 % des clients réalisent 45 % du chiffre d'affaires et 10 % des clients, 35 % du chiffre d'affaires. Les gros clients achètent plus de produits que les petits, même si le prix unitaire tend à baisser avec la quantité (les petits clients tendent à acheter seulement le parfum et les plus gros achètent également des produits de maquillage ou de soin moins onéreux). De plus, la part des clients (part attribuée à la marque dans le budget consacré à la catégorie de produits par les clients) est sensiblement plus importante chez les gros que chez les petits clients. Fort de ces données, le service de marketing relationnel a pu montrer qu'augmenter d'un point la part des gros clients permettait d'augmenter le chiffre d'affaires de 3,5 % contre 0,6 % pour les petits clients et que cette action pouvait passer par l'accroissement du panier moyen (cross-selling) et de la fidélité à la marque. La finalité de ce travail d'évaluation consiste à allouer de façon préférentielle une partie des budgets de communication aux gros clients (actuels ou potentiels) identifiés plutôt que de disperser ces dépenses.

>> Adapter

L'identification et la segmentation des clients doivent conduire à adapter le service et la communication auprès des clients. Cette adaptation peut porter sur les offres, sur la communication ou encore sur les canaux de contact.

Internet est un canal particulièrement adapté pour la personnalisation de la communication. Un site *Web* peut en effet :

- Adapter son contenu en fonction du profil du visiteur (ainsi, à titre d'exemple, le site de **Nouvelles Frontières** mettra des promotions en avant sur la première page en fonction des destinations pour lesquelles l'internaute, identifié par un *cookie*, se sera informé lors de visites précédentes) ;

- Reconnaître et accueillir un visiteur identifié (qui aura donné son identification lors d'une première visite) ;
- Proposer des services liés au profil des visiteurs (comme des recommandations personnalisées) ;
- Enrichir progressivement le profil de l'internaute.

UN SITE QUI S'ADAPTE

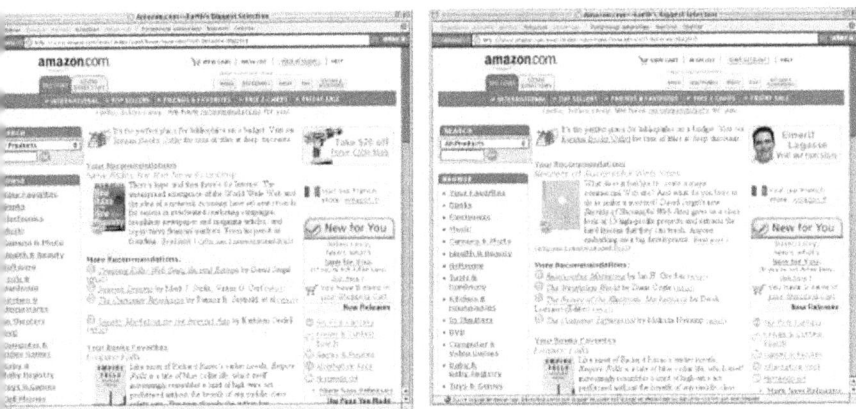

Dans cet exemple, l'auteur s'est connecté sur le site d'**Amazon** à quelques dizaines de secondes d'écart. Dans chaque cas, le titre mis en avant en première page est un ouvrage **d'e-business**, qui correspond aux livres achetés par l'auteur sur le site. Cependant le titre mis en avant est différent à chaque connexion ; il est inutile de représenter le même titre si l'internaute n'a pas cliqué une première fois.

Un accueil personnalisé

Le site d'**Amazon** pousse la personnalisation jusqu'à proposer une partie du site sous le nom du client (ici « julien's store ») accompagné de recommandations personnalisées

>> Échanger

Les interactions résultent soit de campagnes organisées par l'entreprise, soit d'une réponse aux sollicitations du client. Dans le premier cas, l'entreprise postera un courrier, passera un appel téléphonique, enverra un mail, etc. pour faire une offre au client ou entretenir une relation. Dans le second cas, c'est le client qui sollicite l'entreprise en appelant un standard téléphonique, en envoyant un courrier, un mail ou en se rendant dans un point de vente. Dans ce dernier cas, l'entreprise doit tirer profit de cette opportunité de contact en nourrissant la base de données d'informations nouvelles sur le client, ainsi qu'en lui proposant, en guise de réponse, une offre spécifique (les standardistes d'une société de VPC proposent ainsi aux clientes une offre promotionnelle adaptée lorsque les clientes les appellent pour passer une commande).

La pertinence de l'interaction est décisive pour la satisfaction du client. Une interaction mal conçue, une offre ou une communication mal adaptée est de faible valeur pour le client ; elle peut même détruire de la valeur en irritant inutilement le client.

Le client peut également avoir le sentiment d'une violation de sa vie privée lorsqu'il est reconnu alors qu'il ne s'y attendait pas. Par exemple, en appelant un *call center*, on pourra être étonné d'être accueilli à son nom (« Bonjour Mme Untel ») : le numéro appelant aura été identifié, mis en relation avec un nom dans la base de données et le ou la standardiste personnalisera le message d'accueil en fonction du nom affiché sur l'écran. Le client peut également être surpris de se faire identifier sur le site Web d'un tiers de façon irritante ou inquiétante. Ainsi, visitant pour la première fois un site Web, un des auteurs a vu apparaître un message publicitaire d'**Amazon** personnalisé avec son nom ! **Amazon** avait signé un accord avec ce site lui permettant d'identifier ses clients (lecture des cookies mis préalablement par l'entreprise sur le disque dur de ses clients) et de leur adresser un message personnalisé : l'effet de surprise est garanti, mais l'impression n'est pas nécessairement agréable !

Le respect de la vie privée peut conduire à ce que l'entreprise personnalise le message et l'interaction sans que cette personnalisation soit par trop visible. Pour reprendre un exemple précédent, lors d'une interaction avec un *call center*, le client pourra se voir proposer une offre promotionnelle à l'issue de l'entretien, qui aura été automatiquement sélectionnée en fonction du profil du client, mais sans que le client connaisse le processus qui a conduit à cette sélection. On peut ainsi avoir des offres adaptées mais non personnalisées (au sens où l'on utiliserait par exemple le nom du client) : les bons d'achat du programme « Waaoh ! » d'**Auchan** sont imprimés en fonction des paniers d'achat des clients afin de favoriser le *cross-selling* et d'accroître le taux de transformation de ces bons, mais ces bons restent anonymes.

>> Évaluer

La dernière étape d'un processus de relation clients consiste à évaluer sans cesse ce processus avec un souci de passer à l'action. La relation clients se construit dans le temps et s'enrichit à chaque interaction. De ce fait, l'apprentissage est une dimension essentielle de ce processus.

Les objectifs doivent être quantifiés pour pouvoir être évalués. Les indicateurs peuvent prendre plusieurs formes : indices de satisfaction, taux d'attrition, chiffre d'affaires par client, rentabilité par client, part de client, taux de transformation des courriers ou de bons, sollicitation de *call centers*, taux d'ouverture de *newsletters*, etc.

Au sein de l'entreprise, des résultats partiels et démontrables dans le cadre d'une démarche progressive sont le meilleur argument pour faire avancer le dossier de la relation clients.

La réalité derrière les argumentaires de vente

Le marché du CRM

Le CRM est un marché considérable pour les sociétés de conseil et les SSII. La société d'études IDC a dénombré plus de 3 000 prestataires proposant leurs services dans ce domaine. **Siebel, SAP, People Soft, Oracle, Clarify** sont les leaders dans le domaine des logiciels qui s'élevait à lui seul à près de 12 milliards de dollars en 2002.

Les logiciels ne représentent pourtant qu'une partie réduite des enjeux financiers du marché. Selon une étude du cabinet **Forrester**, le marché total du CRM s'établissait à plus de 42 milliards de dollars en 2002, répartis ainsi :

• les applications informatiques (27 %),

• les activités de conseil et d'intégration (58 %),

• les dépenses d'infrastructure (15 %).

COMPOSITION DU MARCHÉ

	2002	2003	2004	2005	2006	2007	CAGR
Total	$42,767	$46,729	$52,571	$59,180	$66,093	$73,839	11,5%
Applications	$11,746	$12,543	$14,299	$16,325	$18,348	$20,639	11,9%
Marketing automation	$439	$487	$575	$678	$793	$928	16,2%
CRM suites	$7,130	$7,625	$8,814	$10,188	$11,512	$13,009	12,8%
Analytics	$1,525	$1,646	$1,864	$2,110	$2,364	$2,647	11,7%
Customer channel apps	$2,185	$2,264	$2,440	$2,641	$2,859	$3,103	7,3%
Field force automation	$468	$520	$606	$707	$821	$952	15,3%
Services	$24,819	$27,243	$30,410	$33,949	$37,723	$41,920	11,1%
Contact center outsourcing	$10,015	$11,346	$12,781	$14,397	$16,125	$18,060	12,5%
Consulting	$12,740	$13,594	$14,994	$16,537	$18,191	$20,010	9,5%
Marketing services	$2,064	$2,303	$2,635	$3,015	$3,407	$3,850	13,3%
Infrastructure	$6,203	$6,943	$7,863	$8,906	$10,022	$11,280	12,7%
Data integration	$1,010	$1,180	$1,371	$1,593	$1,832	$2,107	15,7%
Contact center infrastructure	$5,187	$5,763	$6,492	$7,312	$8,190	$9,173	12,1%

(All dollar amount are in millions and numbers have been rounded)   Source : Forester Research, Inc.

Ce secteur d'activité, malgré un ralentissement en 2002 et en 2003 dû au contexte économique, semble avoir un fort potentiel puisque les cabinets d'études continuent à prévoir l'augmentation des dépenses en CRM dans les prochaines années.

Face à un tel marché, les nombreux acteurs obéissent à leur logique propre, leurs argumentaires sont parfois dissonants ou hâtifs, ce qui est à l'origine de faux-sens voire de contresens dans la compréhension du sujet et dans le choix des priorités d'investissements des entreprises.

Les nouveaux besoins des entreprises

Les projets de relation clients répondent à des attentes et des préoccupations réelles de la part des entreprises qui sont autant d'opportunités concrètes pour passer à l'action. Elles peuvent se résumer en trois thèmes : **l'accroissement de la productivité** (c'est-à-dire la réduction des coûts), **de la fidélité** et enfin, **l'intégration multicanal**.

>> L'accroissement de la productivité

Une des préoccupations majeures des entreprises est la réduction des coûts et l'accroissement des gains de productivité, soit en substituant des applications informatiques au personnel, soit par la disparition partielle de certaines tâches incombant au personnel, ce qui permet aux salariés de se concentrer sur des travaux à plus forte valeur ajoutée.

Il existe, dans la gestion de la relation avec les clients, de nombreuses tâches qui peuvent être partiellement ou totalement automatisées. L'automatisation du service d'information aux clients, du service après-vente, de la force de vente, des prises de commande peut conduire à des réductions de coût, c'est-à-dire à ces gains de productivité que recherchent constamment les entreprises.

>> L'accroissement de la fidélité des clients

Sur des marchés dont la croissance est relativement faible, comme c'est le cas le plus fréquent dans les économies développées, la part de marché des entreprises passe de plus en plus par la part des clients, c'est-à-dire par leur fidélisation. Il s'agit pour les entreprises d'accroître la part des dépenses de leurs clients chez elles, de favoriser des actes d'achat plus fréquents et de prolonger dans le temps leur fidélité, c'est-à-dire, dans le jargon du marketing, de réduire le taux d'attrition.

Le CRM répond à cette attente des entreprises en tant qu'il permet un suivi plus individualisé des clients, autant par une connaissance plus précise de leur profil et de leurs habitudes que par une communication plus personnalisée.

>> L'intégration *multicanal*

Les entreprises sont de plus en plus souvent conduites à développer leurs modes de communication et de distribution auprès des clients. Toute une panoplie de canaux s'offre à elles : représentants, points de vente, catalogue, courrier (*mailing*), standard téléphonique et centre d'appel (ou *call center*), internet et autres canaux électroniques, etc. Le développement du multicanal

© Éditions d'Organisation

répond d'une part à la demande des clients qui recherchent plus de services et une plus grande facilité d'interaction (selon une étude de *Shop.org*, un tiers des consommateurs américains sont multi canaux en ce sens qu'ils achètent à la fois par point de vente, catalogue et par internet), d'autre part à l'offre des entreprises soucieuses de « saturer » le client et de développer les ventes.

Cependant, plus les canaux de contact avec les clients se multiplient, plus les entreprises courent le risque d'une part d'accumuler les coûts de chaque canal sans exploiter les synergies, d'autre part de manquer de cohérence dans le traitement du client faute de vision globale de celui-ci. En effet, il est fréquent que les interactions établies par les clients avec l'entreprise par un canal restent confinées à ce canal au détriment d'une vision d'ensemble : le service après-vente par internet ne communique pas par exemple avec le service après-vente par téléphone, le service consommateurs avec le marketing direct… Mieux identifier les clients, conserver la mémoire des interactions avec les clients et faire partager cette connaissance entre les différents canaux sont des préoccupations croissantes des entreprises.

Les argumentaires de vente du CRM

On fera faire au lecteur une grande économie de temps en résumant les argumentaires de vente du CRM qu'il peut découvrir à loisir dans les brochures et les présentations des sociétés du marché du CRM.

Les argumentaires comprennent sept points clefs.

« L'environnement est de plus en plus concurrentiel et les clients sont de plus en plus insaisissables. »

Les marchés dans lesquels opèrent les entreprises seraient sans cesse plus difficiles et concurrentiels. La globalisation des marchés et leur maturité, dans beaucoup de zones géographiques, exacerbent la pression concurrentielle. Les concurrents améliorent sans cesse leur productivité, renouvellent constamment leurs produits, exercent une pression permanente sur les prix. Cette dernière est d'autant plus forte, qu'il est de plus en plus difficile de différencier les produits. De plus, les clients d'aujourd'hui ne sont pas ceux d'hier : plus informés, plus exigeants, plus « zappeurs », plus demandeurs de réductions tarifaires, ils deviendraient plus difficiles à satisfaire et à fidéliser.

« Le CRM s'inscrit dans un développement naturel, progressif et inexorable du marketing. »
À l'origine, les entreprises étaient orientées vers la production de masse. Puis, elles ont développé les techniques de réclame et ont utilisé les leviers offerts par la distribution moderne. D'une approche commerciale consistant à pousser le produit vers le client, elles sont passées à une approche marketing, consistant à développer les produits demandés par les clients. Faisant face à une concurrence plus intense, les entreprises ont été conduites à utiliser un marketing de segmentation, s'adressant à des cibles aux besoins sans cesse mieux définis. Le CRM couronnerait cette évolution en allant jusqu'au micro segment ou à l'individu.

« Le CRM est fondamentalement différent du marketing du passé. »
Le marketing traditionnel connaît de nombreuses limites et le CRM serait fondamentalement différent sur beaucoup d'aspects :

• Le marketing veut la transaction, le CRM veut la fidélité ;
• Le marketing se concentre sur le chiffre d'affaires, le CRM sur la rentabilité ;
• Le marketing se focalise sur le recrutement, le CRM sur la fidélisation ;
• Le marketing vise le court terme, le CRM le moyen et long terme ;
• Le marketing se contente d'études de marché agrégées, le CRM s'intéresse aux données personnelles ;
• La communication marketing va de l'entreprise aux clients, la communication CRM est interactive ;
• Le marketing s'occupe prioritairement du produit, le CRM du client…

« La fidélisation des clients rentables passe par le CRM. »
L'objectif assigné étant de fidéliser les clients, de développer la « part des clients » et de mieux concentrer les dépenses sur les clients les plus rentables, le CRM serait la réponse à ces préoccu-

pations. La fidélisation passe nécessairement par l'identification des clients, le traitement de bases de données, les programmes de relation client.

« La vocation du CRM est de gérer toutes les phases du cycle de vie du client. » La vocation du CRM serait de suivre l'ensemble du cycle de vie du client, de l'état de prospect à celui de client occasionnel, régulier et enfin fidélisé. Les programmes de CRM vont initier la relation, établir les bases du relationnel, approfondir cette relation, stabiliser les relations en danger, prévenir les causes de rupture, initier à nouveau des relations rompues... Le CRM aurait donc vocation à contrôler l'ensemble des interactions avec les clients.

« La vocation du CRM est d'intégrer toutes les interactions avec les clients. » Le CRM se réaliserait dans un système d'information qui suivrait les clients dans l'ensemble des relations avec l'entreprise, mémorisant l'ensemble de ces interactions et répondant d'une même voix à travers toutes les fonctions de l'entreprise impliquées dans cette relation et tous les canaux de distribution et de contact. De ce fait, le CRM permettrait à l'entreprise d'écouter le client quel que soit le canal utilisé et de lui parler d'une même voix.

« La stratégie est certes essentielle, mais la technologie est prioritaire. » Ce qui serait déterminant dans le CRM, c'est la stratégie. Il est donc important de faire une étude stratégique de fond sur les enjeux du CRM pour l'entreprise. Mais une fois cette étude faite, qui démontrera l'urgente nécessité du CRM, il faudra passer à la mise à niveau du système d'information, à l'achat et à l'adaptation de logiciels. Il sera donc urgent de construire un entrepôt de données (*datawarehouse*), des outils de traitement des données (*datamining*) et des outils d'interactions pour rendre le client plus heureux et plus profitable.

Le discours de vente sur le CRM peut connaître différentes variantes, mais il suit toujours une même logique : « le CRM est une impérieuse nécessité qui distingue radicalement un *avant* et un *après*. C'est la solution pour avoir des clients fidèles et profitables en contrôlant l'ensemble du cycle de vie du client et en intégrant tous les canaux d'interaction. »

Un retour d'expérience souvent mitigé et des analyses très critiques

Pourtant, dans le même temps, les parutions d'études et d'articles se multiplient en 2002 et 2003. Ils soulignent une forte proportion d'échecs des projets de CRM et véhiculent une image troublée du sujet.

>> Quatre exemples d'études

Selon une étude **Deloitte & Touche**, 65 % des entreprises ayant mis en place des projets CRM considèrent qu'elles n'ont connu aucune amélioration ou seulement des améliorations mineures.

Selon une étude de **Meta** groupe, 69 % des entreprises de distribution interrogées déclarent n'avoir eu aucun ou peu de retour de leurs investissements en matière de CRM.

Selon une étude de **Gartner**, 55 % de tous les projets CRM ne donnent pas de résultat.

Selon une étude de **Bain** portant sur la satisfaction des dirigeants d'entreprise en matière d'outils de management, le CRM se classe parmi les 3 plus mauvais scores sur 25 et 20 % des projets CRM ont dégradé la relation client…

>> Quelques exemples d'articles de recherche critiques sur le CRM

Susan Fournier, Susan Dobscha et David Glen Mick considèrent comme urgent de sauver le soldat marketing relationnel[1]. Selon eux, une relation passe par un équilibre entre donner et obtenir, alors que les programmes de marketing relationnel sont établis sur une relation univoque de l'entreprise aux clients. On croit que le

---

1. Fournier Susan, Susan Dobscha and David Glen Mick (1998) *Preventing the Premature Death of Relationship Marketing*, Harvard Business Review (January-February), pp. 42-51.

© Éditions d'Organisation

client va multiplier les relations « impliquantes » avec les entreprises alors que ce n'est généralement ni son souci, ni en adéquation avec la façon dont l'entreprise le traite. On ne peut pas pratiquer de marketing relationnel sans réciprocité, disent les auteurs. Darell Rigby, Frederick Reichheld et Phil Scheffer soulignent les quatre périls du CRM[1]. Ils constatent les désillusions et les déceptions d'un grand nombre d'entreprises en matière de CRM. Ces échecs s'expliquent, selon les auteurs, par quatre périls auxquels elles n'ont pas su échapper : implanter un programme de CRM sans avoir défini sa stratégie de relation client, implanter un programme de CRM sans avoir adapté son organisation, être persuadé que plus il y a de technologie, mieux c'est, harceler les clients plutôt que répondre à leurs attentes.

Grahame Dowling écrit qu'en matière de CRM « moins, c'est souvent mieux ! »[2]. Il affirme que les clients qui forment une véritable relation entre eux et une marque ou une entreprise sont une exception plutôt que la règle. Les clients sont multi marques et les programmes de fidélisation n'ont d'effets que provisoires. La recherche de parts de marché dominantes est un moyen plus sûr de dégager des profits que la recherche de parts de clients. En conclusion, le CRM ne serait pas une finalité et n'est souvent pas le meilleur moyen de réaliser ses objectifs marketing. Il ne faut pas, dit l'auteur, faire une généralité de cas très particuliers.

Une vision raisonnée des argumentaires de vente du CRM

Ce que soulignent ces articles de recherche et les résultats des études de terrain, ce sont d'abord les limites et le contre effet des argumentaires de vente, voire de survente des sociétés travaillant sur le marché du CRM. Sensibles à ces argumentaires, bon nombre d'entreprises se sont engagées dans de (très) vastes

1. Rigby, Darrell, Frederick F. Reichheld et Phil Schefter (2002), « Avoid the Four Perils of CRM », *Harvard Business Review* (February), pp. 101-109.
2. Dowling, Grahame (2002), « Customer Relationship Management : In B2C Markets, Often Less Is More », *California Management Review* , vol. 44, n°3 (Spring), pp. 87-104.

programmes de CRM, nécessitant de (très) coûteux investissements aussi bien en matière de logiciels, qu'en termes d'équipement et de développement. Ceci a conduit à la construction de véritables « usines à gaz » aux résultats et à la rentabilité problématiques. Aujourd'hui, il semble légitime de contester l'aspect mécanique et systématique de la « démonstration » vantant les mérites du CRM.

Chacun des sept arguments suivants peut être modulé en fonction de la réalité.

« L'environnement est de plus en plus concurrentiel et les clients sont de plus en plus insaisissables. »

En réalité, marchés et situations concurrentielles évoluent aujourd'hui comme ils évoluaient hier.

Les marchés et les clients sont par nature évolutifs. De tout temps, les entreprises ont eu des difficultés à s'adapter aux changements du marché et bon nombre d'entre elles ont connu le déclin, le rachat, la fermeture. Les circonstances changent ainsi que les problématiques particulières des marchés. Un mirage rétrospectif peut faire croire, *a posteriori*, que les marchés étaient auparavant plus faciles. Ils paraissent l'être parce que les entreprises survivantes se sont adaptées aux nouvelles conditions et ont intégré les réponses adaptées, non parce que ces conditions étaient moins rigoureuses.

« Le CRM s'inscrit dans un développement naturel, progressif et inexorable du marketing. »

En réalité, le marketing relationnel n'est pas l'aboutissement ultime du marketing, mais une variante complémentaire.

D'un point de vue chronologique, on constate bien l'avènement au cours du temps et la généralisation de nouvelles pratiques de commercialisation : la réclame, la distribution moderne, le concept marketing, les politiques de marques, les politiques de segmentation, le marketing relationnel... Pourtant, il est difficile d'identifier très clairement des dates clefs marquant ces avènements. On constate plutôt que de nouvelles pratiques apparaissent, qu'elles changent progressivement de forme, qu'elles se généralisent au cours du temps ou encore qu'elles se diffusent d'un secteur à l'autre. Le marketing relationnel, par exemple, est le

« b.a-ba du marketing inter entreprises » depuis toujours et il s'est progressivement affirmé dans le marketing aux consommateurs. Il faut donc être très réservé sur une vision de l'évolution du marketing en autant d'étapes définies marquant des *avant* et des *après*. De plus, cette vision progressiste du marketing est très trompeuse en ce sens qu'elle fait croire à la substitution d'un marketing à l'autre. En fait, on assiste plus justement à la complémentarité des pratiques de marketing dans leurs effets. Les entreprises pratiquent toujours, aujourd'hui, un marketing indifférencié qui leur permet d'imposer leur marque et une stratégie de leader (par exemple les grandes campagnes de publicité utilisant la télévision et l'affichage) qu'elles mettent en œuvre conjointement avec des pratiques marketing plus segmentées dans leur politique de communication, de produit ou de prix ; pratiques auxquelles s'ajoutent désormais aujourd'hui un marketing direct plus individualisé. Ces pratiques du marketing ne se substituent pas les unes aux autres, elles se complètent car elles visent des objectifs différents et utilisent des niveaux d'action distincts.

« Le CRM est fondamentalement différent du marketing du passé. »
En réalité, les pratiques de CRM ne sont pas radicalement différentes du marketing traditionnel. Ce sont simplement de nouvelles modalités.

L'opposition entre marketing traditionnel et CRM prend alors une forme caricaturale : le CRM ne marque pas un après par rapport à un avant. Il existe et il existera toujours une opposition entre des mauvaises politiques marketing et des politiques plus adaptées. Comme l'a souligné Kotler, beaucoup d'entreprises croient pratiquer du marketing alors qu'elles ne font que glorifier une approche de vente. Un marketing intelligent se soucie d'innover, de répondre aux besoins, de satisfaire les clients, de les fidéliser dans le temps. Certes, les moyens et les techniques évoluent, mais on ne voit pas bien en quoi le principe du marketing devrait en être fondamentalement transformé.

« La fidélisation des clients rentables passe par le CRM. »
En réalité, la fidélisation des clients rentables peut passer par de nombreuses voies, dont le CRM.

Le CRM est un des moyens de fidélisation du client, mais il existe bien d'autres méthodes et démarches :

- Mieux comprendre les besoins des clients ;
- Mieux les segmenter en fonction de leurs besoins ;
- Mieux adapter l'offre à ses attentes ;
- Proposer des innovations qui créent de la valeur aux yeux du client ;
- Se soucier de la qualité des produits et des services ;
- Évaluer la satisfaction des clients ;
- Encourager les salariés à écouter et à satisfaire les clients ;
- Réduire les situations de conflit entre les intérêts de leur employeur et les intérêts des clients.

La fidélisation des clients passe d'abord par la qualité de l'offre et des services, par leur adaptation aux besoins et aux attentes. Si ces fondamentaux ne sont pas assurés, un beau programme de *mailing* ne servira à rien. En fait, rien n'est plus irritant pour un client que de recevoir des courriers ou des coups de fil qui préjugent d'une « relation » à nourrir et à développer quand le contrat de base entre le client et l'entreprise n'est pas rempli.

« La vocation du CRM est de gérer toutes les phases du cycle de vie du client. »

En réalité, il faut se méfier d'une vision du CRM qui est celle du contrôle du client à toutes les étapes.

La tentation des managers formés dans une perspective de rationalité et de hiérarchie des fonctions, issue de Fayol (structure militaire de spécialisation des fonctions et de commandement par la direction) est d'appliquer aux clients ce qu'ils croient appliquer à leurs salariés : une politique de contrôle.

On forme les dirigeants en leur indiquant que leur rôle est de définir une vision et une stratégie et de contrôler leurs applications et l'organisation. Cette tentation du contrôle (au détriment, par exemple, de l'animation, de l'écoute ou de l'interaction) se retrouve dans les argumentaires de vente du CRM qui sont, paradoxalement, très peu réciproques.

On identifie les clients, on les « score », on leur adresse des stimuli adaptés, on développe leur rentabilité, on les retient... Mais de façon assez frappante, il est très rare de constater dans les faits le souci d'intégrer le service de réclamations au CRM. Celui-ci prend plus la forme d'actions de marketing direct, que celle d'une interaction véritablement réciproque entre les clients et l'entreprise.

Le CRM ne semble pas ainsi permettre de mieux écouter la « voix du client », mais semble avoir pour vocation de mieux le contrôler.

« La vocation du CRM est d'intégrer toutes les interactions avec les clients. »

En réalité, intégrer toutes les interactions avec les clients est souvent un objectif déraisonnable.

À ce souci de contrôle répond le souci d'intégration. Face à l'inquiétude légitime due aux défauts de coordination entre canaux, les vendeurs de CRM proposent une vision totalement intégrée des interactions avec les clients. Cette vision est largement illusoire. Tout d'abord, elle entraîne une complexité considérable dans la mise en œuvre, en raison de sa vocation même à la totalisation. De plus, imposant l'objectif d'intégration comme une finalité, elle évite de s'interroger sur les différentes façons de traiter les questions d'incohérence et les frustrations que le multicanal peut provoquer chez les clients.

Par exemple, il est bien connu, en matière de management des services, que l'apprentissage ou l'information des clients est souvent une nécessité ; du reste, celle-ci est bien perçue par ces derniers car il s'agit de leur permettre de mieux utiliser les services et de mieux formuler leurs attentes.

S'il est clair pour les clients que les types de services offerts ne sont pas les mêmes en appelant le *call center*, en allant sur le site ou en parlant avec leur conseiller bancaire, que certains canaux sont de l'ordre de l'information et que d'autres entrent dans le domaine de la relation, les attentes des clients s'adapteront facilement et l'on aura évité beaucoup de frustration. Il appartiendra alors à l'entreprise de mieux définir quels canaux, pour quels clients, pour quelles interactions ou informations, doivent être intégrés ou non. On remet ainsi les choses en ordre. L'intégration multicanal totale est, à l'état actuel, souvent un objectif ruineux à poursuivre, qui entraîne des difficultés organisationnelles considérables, sans que son utilisation potentielle soit toujours utile. L'intégration multicanal doit plutôt être raisonnée, progressive et pragmatique.

« La stratégie est certes essentielle, mais la technologie est prioritaire. »

En réalité, la dimension technologique du CRM n'est pas prioritaire : il faut d'abord penser la relation avec les clients.

La réponse des sociétés de conseil aux problématiques de relation client des entreprises a souvent quelque chose de pavlovien : « Quelle que soit la spécificité de votre problème, les recommandations conduiront à un fort investissement dans les systèmes d'information ». Le choix qui semble être laissé aux clients est d'opter entre du développement principalement interne ou l'achat d'applications qui nécessiteront des forts investissements dans le domaine du développement.

Dans les budgets de CRM, la partie « audit et stratégie » représente un pourcentage minime des investissements par rapport aux parties d'achat de logiciels, de développement et de déploiement des solutions informatiques.

Doit-on alors s'étonner que les sociétés de conseil qui ont, pour la plupart, intégré des activités de SSII ou qui sont partenaires avec de telles sociétés dont elles touchent des commissions, aient tendance à vendre de la technologie pour répondre à toutes les questions de relation client ?

Il ne s'agit pas de dire que les consultants vendent sciemment des solutions non adaptées mais lucratives à leurs clients, il s'agit plutôt de souligner que toute l'organisation des sociétés de conseil met très naturellement les consultants dans une perspective qui consiste à voir dans de forts investissements informatiques l'issue naturelle des questions de relation client.

Fréquemment, à l'issue d'une étude d'audit, une société de conseil recommande à son client de développer un programme de CRM avec ses applications informatiques. Il est très rare que ces sociétés recommandent à une entreprise de mettre en place une politique de marketing conséquente et d'assurer une bonne qualité de service de base avant de songer à investir dans un avenir beaucoup plus lointain, dans un programme de CRM. Et pourtant, c'est parfois un conseil de bon sens à donner si l'objectif est de fidéliser les clients.

Quelle est la réalité des entreprises au quotidien ?

Au-delà des discours d'apologie et de dénonciation, il faut constater un fait prééminent : **le CRM conceptuel et absolu n'existe pas, le CRM conceptuel et absolu est un mythe.** Ce qui existe ce sont **des problématiques de natures très différentes** qui s'expliquent par des situations d'entreprise différentes, ce qui doit naturellement conduire à une diversité de solutions et d'approches (pas de *one best way*, ni de solution informatique unique et obligée).

Une enquête menée par les auteurs sous forme de série d'entretiens auprès d'une douzaine de grandes entreprises[1] souligne la diversité de situations, des approches et des applications.

>> Une diversité de situations

La problématique essentielle à laquelle font face les entreprises est de nature très variable :

Une réorganisation stratégique due à l'évolution des clients ou de la distribution

Peugeot cherche à gagner un contact direct avec ses acheteurs tout en intégrant l'action de ses concessionnaires qui, en raison de la réglementation européenne, vont cesser d'être exclusifs.

Les clients d'**IBM** ont des attentes globales et non plus séparées en fonction des lignes de produit distinctes autour desquelles **IBM** organisait toute sa démarche commerciale.

---

1. Accor, Air France, Auchan, Canal+, CCF, IBM, L'Oréal, Louis Vuitton, Orange, Peugeot, PPR...

La réduction de l'attrition (défection des clients)

Canal+ doit gagner un million de clients tous les ans pour simplement maintenir son activité, à cause de la défection de ses abonnés.

Les opérateurs téléphoniques perdent de l'argent en recrutant de nouveaux abonnés et ne peuvent en gagner qu'en les fidélisant dans le temps.

Le développement des ventes

La grande distribution, des entreprises de service comme **Accor** ou le **CCF**, des entreprises vendant des biens comme **Louis Vuitton** considèrent que le développement du chiffre d'affaires passe par le développement de la « part de client ».

Leurs clients ne sont pas exclusifs : dans la banque, une majorité de clients est ainsi « multi bancarisée ». Pour développer le chiffre d'affaires, il ne suffit pas de conquérir de nouveaux clients, il faut inciter les clients à consacrer une plus grande part de leur budget chez soi plutôt que chez leurs concurrents.

L'optimisation des dépenses de communication

Auchan a un budget de communication de plus de 200 millions d'euros, **Peugeot** est l'un des premiers annonceurs sur le marché français de la publicité. Pourtant, leur politique de communication prend largement la forme du « tapis de bombe » : faute de pouvoir bien cibler, on couvre l'ensemble du public potentiel en considérant qu'au moins une partie de ces dépenses sera efficace.

Cette politique est jugée de plus en plus insatisfaisante. L'enjeu pour ces entreprises est de mieux identifier les clients les plus importants ou qui ont le plus fort potentiel et de mieux cibler leur communication.

Les entreprises cherchent ainsi à réaffecter une partie du budget de communication publicitaire à des programmes de communication plus individualisés (marketing direct adressé) pour assurer un meilleur rendement aux dépenses de communication.

Le suivi des comptes clients

Les sociétés qui ont des relations continues avec leurs clients, comme les opérateurs téléphoniques ou les banques, doivent gérer ces interactions entre plusieurs services (comptabilité, commercial, service clients…). Le développement des interactions avec les clients a entraîné des problèmes de cohérence des actions et de qualité dans le suivi ; cela provoque l'insatisfaction de certains clients, insatisfaction à laquelle il est impératif de répondre.

L'intégration multicanal

Le développement des canaux de contact soulève un triple risque : celui de l'éclatement de la connaissance du client, celui de l'incohérence des actions et enfin, dans certains cas, celui de la perte de contrôle de la relation avec les clients.

>> Une diversité des modes opératoires

Cette pluralité de situations aboutit à une grande diversité, tant en ce qui concerne les actions à entreprendre, que les façons de les conduire.

L'activité de l'entreprise

La façon de conduire une politique de CRM ne sera pas la même selon que l'activité de l'entreprise est *B to C* ou *B to B*, selon qu'il s'agit d'une entreprise de production ou de distribution, selon qu'on vend des services ou des biens.

L'offre

Certaines entreprises ont des offres relativement simples (automobiles, nuits d'hôtel), alors que d'autres font des offres variées et complexes (par exemple au sein de la même entreprise : conseil, développement informatique, logiciels, équipements informatiques). Certaines entreprises ont des échanges discontinus avec leurs clients (vente de biens…), d'autres des échanges continus (abonnement)…

La structure

Certaines entreprises ont des structures très centralisées et d'autres très décentralisées, certaines sont intégrées, d'autres fonctionnent en réseau avec des partenaires.

La géographie

Dans certains cas, les enjeux de CRM sont globaux (**IBM** a par exemple des clients globaux), dans d'autres cas, ils concernent des zones multinationales, ou bien encore ils se situent à un niveau national.

La culture d'entreprise

Certaines entreprises ont une culture très hiérarchique qui conduit à des politiques définies « d'en haut » et appliquées ensuite dans l'organisation. D'autres ont des cultures plus participatives qui passent par la construction d'un consensus entre de nombreux acteurs ; certaines entreprises possèdent une culture très « produits », alors que d'autres ont déjà une culture « clients » ; pour d'autres, il s'agira d'une culture technique (qui facilite l'intégration d'applications technologiques), plutôt que d'une culture commerciale...

Les canaux

Tous les canaux ne sont pas concernés de la même façon selon les entreprises : commerciaux, points de vente, *call center*, internet...

Les utilisateurs

Les utilisateurs des processus mis en place par le CRM sont également très variés. Dans certains cas, ce sont prioritairement les commerciaux (par exemple dans le secteur bancaire), alors que dans d'autres ce sont les services clients, le marketing, la direction...

Les clients

Enfin, la nature des clients influence fortement les politiques CRM adaptées : grands comptes ou particuliers, internes (optimisation de l'organisation interne) ou externes, acheteurs ou prescripteurs...

>> Au final, un constat nuancé et plutôt positif

Au-delà des argumentaires de vente et des « retours de bâton », l'étude des politiques de CRM montre une image plus subtile et plus contrastée du CRM. Les entreprises ne suivent pas une méthode de mise en œuvre unique, elles ne font pas face aux mêmes difficultés, elles ne sollicitent pas les mêmes technologies.

On doit donc renoncer au « fétichisme » du CRM comme réponse à tout : le CRM relève en fait de démarches pragmatiques qui répondent à des questions précises et spécifiques.

On peut présenter quelques leçons générales communes à l'ensemble des entreprises :

Les investissements en CRM répondent généralement à un acte de foi. Il s'agit de la forte conviction qu'il est indispensable d'agir. Cet « acte de foi » semble souvent d'autant plus nécessaire que les politiques de CRM passent souvent par une phase d'investissement initial important (pour collecter l'information, construire une base de données, développer les infrastructures...), alors que la possibilité d'utiliser ces moyens est nécessairement repoussée dans le temps.

Les projets de CRM se traduisent par une prise de risque. Soit en raison des investissements financiers, soit en raison des changements organisationnels qui sont nécessaires, il y a toujours une prise de risque. C'est pourquoi l'implication de la direction générale est nécessaire même si, dans les faits, elle est parfois ambiguë ou s'opère cahin-caha.

Les mises en œuvre des politiques de CRM prennent toutes sortes de formes. Parce que la situation et les spécificités des entreprises sont à chaque fois différentes, les politiques de CRM sont autoritaires ou réalisées par adhésion, centralisées ou délocalisées, standardisées ou adaptées... Il n'existe donc pas de *one best way*, mais des politiques plus ou moins adaptées à chaque entreprise.

Si *tout* est techniquement possible, *peu* est concrètement réalisable. C'est pourquoi les entreprises se concentrent sur des actions prioritaires : quelques types d'interaction ou de canaux, parfois une partie des clients et non l'ensemble... Il s'agit dans tous les cas de conjurer le risque de « l'usine à gaz » (la « méga » solution informatique, toute intégrée) au profit d'une démarche évolutive qui part de l'existant et utilise des outils dimensionnés.

L'outil ne fait pas la politique. Les projets de CRM doivent se comprendre dans une vision globale de la relation client. Certains objectifs (réduction de l'attrition, meilleure qualité de l'interaction, réorganisation des processus...) peuvent être partiellement accomplis d'une façon *low tech*. C'est pourquoi, les outils et la technologie ne doivent intervenir qu'en bout de course, à la suite d'une analyse stratégique et de l'adoption d'une politique orientée vers les clients. Cependant et *a contrario*, il arrive parfois que, d'un point de vue politique, la mise en œuvre d'outils technologiques constitue un levier d'action pour faire bouger l'organisation.

Un écueil majeur à éviter : la dérive techniciste des chantiers systèmes d'information. Le risque existe quand les outils de collecte, d'analyse et de traitement de l'information sur les clients sont sollicités. S'il y a dérive, elle conduit à une focalisation sur les outils au détriment des personnels et de l'organisation. Dans ce cas, l'informatique impose progressivement ses contraintes à la politique de relation client, les managers perdent le contrôle du projet au profit des techniciens, le résultat final n'est pas le résultat escompté et les outils sont rejetés par les utilisateurs. Les anglo-saxons diraient que les projets de CRM doivent être *technology enabled* (soutenus par la technologie) et non *technology driven* (guidés par la technologie).

Enfin, le plus grand soin doit être porté aux utilisateurs et aux personnels. Mettre à disposition des moyens d'action ne signifie pas que ces derniers soient utilisés et intégrés. Les politiques de CRM ne conduisent pas nécessairement à une conciliation irénique des besoins des clients et des personnels ; elles nécessitent parfois des arbitrages et elles imposent des changements qui ne répondent pas toujours à l'intérêt immédiat des équipes (par exemple un plus grand contrôle sur les actions des uns et des autres). C'est pourquoi, les responsables des projets de relation client doivent être aussi des politiques ayant une vision claire des objectifs mais sachant concilier les bonnes volontés : certaines résistances de la part des salariés doivent être surmontées à travers des modalités propres à chaque entreprise alors que d'autres relèvent plutôt de la légitime défense. Le budget de formation, qui est généralement le premier à être sacrifié à la suite des dépassements budgétaires, est pourtant un élément clef pour l'intégration et l'utilisation des outils.

Comment les entreprises investissent-elles ?

La diversité des investissements regroupés derrière la bannière du CRM, ces dernières années, répond en synthèse à une logique simple : il s'agit de mettre en place les infrastructures nécessaires à un mode de relation multicanal, de faire évoluer l'organisation vers la mise en place de cette relation, pour aboutir à un fonctionnement opérationnel de la relation client.

En effet, le développement de la gestion de la relation client dans l'entreprise requiert qu'un certain nombre de ressources soient déployées et disponibles. Ce sont les infrastructures physiques liées aux canaux de communication, comme les centres d'appel ou les portails internet. Ce sont des infrastructures de systèmes d'information comme les *datawarehouses*, les référentiels ou les processus de qualification et de « nettoyage » des données. Ce sont enfin les infrastructures organisationnelles liées au fonctionnement de chacun des canaux et à la gestion multicanal.

Enfin, lorsque l'entreprise a mis en place le mode relationnel de son choix, elle entre dans une ère de fonctionnement opérationnel et de pilotage de la relation client qui aboutit, entre autres, à adapter les relations en fonction de l'évolution du cycle de vie des clients et de leurs comportements.

Le schéma ci-après illustre la répartition en pourcentage des investissements et des prévisions d'investissements des 3 500 plus grandes entreprises mondiales pour chacun des trois aspects que nous venons d'évoquer : développement des ressources, évolution de l'organisation et optimisation du fonctionnement opérationnel.

RÉPARTITION DES INVESTISSEMENTS CRM

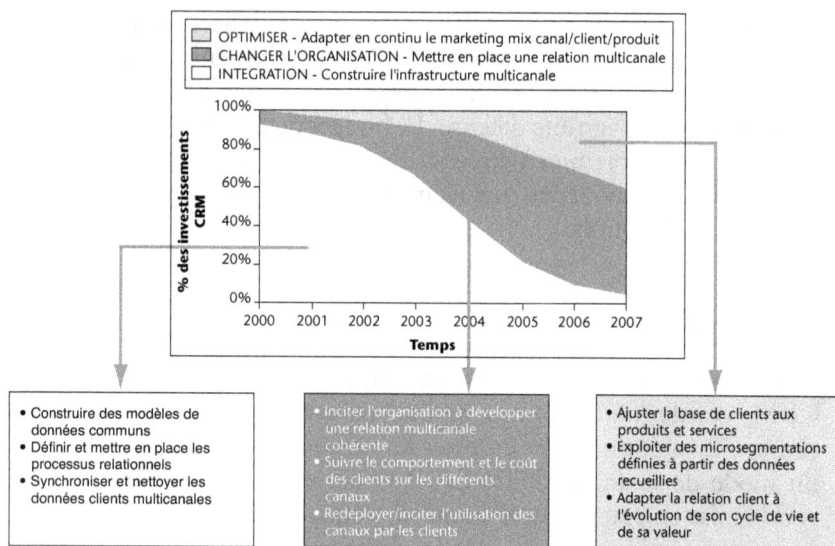

OPTIMISER - Adapter en continu le marketing mix canal/client/produit
CHANGER L'ORGANISATION - Mettre en place une relation multicanale
INTEGRATION - Construire l'infrastructure multicanale

% des investissements CRM

- Construire des modèles de données communs
- Définir et mettre en place les processus relationnels
- Synchroniser et nettoyer les données clients multicanales

- Inciter l'organisation à développer une relation multicanale cohérente
- Suivre le comportement et le coût des clients sur les différents canaux
- Redéployer/inciter l'utilisation des canaux par les clients

- Ajuster la base de clients aux produits et services
- Exploiter des microsegmentations définies à partir des données recueillies
- Adapter la relation client à l'évolution de son cycle de vie et de sa valeur

Source : July 2002 - Forrester Research, Inc.

Le schéma fait apparaître des investissements de trois types correspondant aux trois vagues du CRM : **infrastructure, organisation et marketing relationnel**.

La première vague **d'infrastructure** est la plus facile à mener car il s'agit d'investissements en infrastructures, ce que les entreprises ont appris depuis longtemps à maîtriser.

En revanche, l'expérience montre qu'il est imprudent de les lancer en l'absence de plan d'action concret de valorisation par une évolution de la relation client. Le risque est d'aboutir à la mise en place de ressources, sans être capable d'en tirer des bénéfices à la hauteur des investissements consentis.

L'exemple le plus caricatural concerne ces *datawarehouses* collectant des informations clients inexploitées dans l'attente d'on ne sait quoi, ou encore mieux, d'un statisticien de génie qui saura transformer l'information (le plomb) en or.

Ne nous méprenons pas, il s'agit d'une technologie éprouvée et capable d'apporter des bénéfices considérables, pour peu qu'elle soit mise en œuvre au service d'enjeux concrets.

© Éditions d'Organisation

La deuxième vague **d'organisation** concentre toutes les difficultés car il s'agit au final de faire évoluer la culture de l'entreprise. Le choix des priorités doit ici s'appuyer sur un compromis optimal entre la capacité de l'entreprise à évoluer, les attentes en matière de bénéfices et le niveau des investissements.

Pour illustrer ces difficultés : « *il aurait fallu, avant d'ouvrir des centres d'appel et préalablement à la mise en place des télé procédures, commencer par améliorer la qualité de nos services de conseil* » est l'un des retours d'expérience de la réforme de l'administration fiscale au Royaume-Uni.

À noter que la dimension de gestion du changement peut, dans certains cas, prendre une ampleur considérable, jusqu'à constituer le frein majeur au développement de la gestion de la relation client.

La troisième vague de **marketing relationnel** correspond à un état de l'entreprise où la culture a assimilé la dimension relationnelle et dont les bénéfices, en matière de relation client, sont pilotés par le marketing relationnel.

De ces trois vagues, **seule la troisième est pérenne dans le temps**.

Il va sans dire que la préconisation, face à cette réalité, est de mener en parallèle les investissements, en veillant à corréler les trois types d'investissements à réaliser avec les enjeux de l'entreprise (systèmes, humains et métiers) afin de recueillir une partie des bénéfices liés à chacun de ces investissements comme l'exprime le schéma suivant.

Les investissements en matière d'infrastructures et d'organisation sont destinés à développer les capacités de l'entreprise.

Les investissements en matière d'infrastructures peuvent, le cas échéant, générer des bénéfices en matière de coûts de possession (coût global d'acquisition et d'usage).

Les investissements en matière d'organisation aboutissent en principe à des gains d'efficacité qui se traduisent par une réduction des coûts ou une meilleure allocation des ressources.

Ces catégories d'investissements s'inscrivent dans une logique de fonction de support ou d'allocation de moyens au service d'enjeux

La nécessaire corrélation investissements/enjeux

Copyright : CRC consultant

métiers et en l'occurrence, au service du développement du marketing relationnel.

Les investissements en matière de relation client sont, quant à eux, pilotés par le marketing relationnel et dans une logique de réponse à des enjeux de développement et de rentabilité de l'activité de l'entreprise.

Les investissements obéissent donc à deux logiques, ce qui nécessite une grande clairvoyance et une forte capacité d'arbitrage. Cette analyse explicite certains éléments de réussite d'un projet CRM.

Les quatre leviers de la réussite du CRM

Comme nous l'avons dit en introduction, notre ambition dans cet ouvrage est de décrypter les leviers de la réussite du CRM au travers des expériences concrètes de cinq entreprises sur la période 1998-2003.

Nous avons identifié quatre leviers. Pour chacun de ces leviers nous associons plus particulièrement l'expérience pratique d'une entreprise.

Pour la **connaissance client : Les Services Financiers de la Poste.**

Pour la **valeur client : Lexmark**

Pour le **multicanal : Rhodia EP**

Pour **l'organisation et la culture : Lafarge Mortiers**

En **synthèse : Peugeot**

La richesse et la diversité de l'expérience CRM de l'entreprise **Peugeot**, couvrant les quatre leviers, a conduit à présenter ce déploiement de façon plus détaillée dans la troisième partie de l'ouvrage.

À noter que nous avons également pour chaque levier, à chaque fois que c'était possible, utilisé l'expérience de développement du CRM des quatre autres entreprises en synthèse ou en illustration.

Pour chaque présentation d'entreprise, nous décrirons assez précisément le contexte. Le lecteur pourra ainsi mieux appréhender tous les éléments influant sur l'entreprise et ses enjeux ; il sera à même d'apprécier, dans chaque cas et pour la mise en œuvre de CRM choisie, les liens étroits qui existent entre la recherche de la connaissance client, la segmentation des clients, le développement d'un nouveau mode relationnel multicanal et la nécessaire évolution de l'organisation et de la culture de l'entreprise.

La connaissance client

**Comment accélérer la croissance de l'entreprise
en exploitant la connaissance client ?**

Dans ce chapitre, nous étudierons l'impact de la
« connaissance client » sur la gestion de la relation client.

Pour illustrer la pratique du premier levier en entreprise, nous
présenterons ensuite l'expérience des **Services Financiers de
la Poste.**

Premier levier de la réussite du CRM :
La connaissance client

Comment exploiter la connaissance client pour alimenter la stratégie de croissance de l'entreprise ?

La logique de connaissance des clients va contribuer aux actions d'amélioration, d'innovation et d'acquisition qui constituent les principaux leviers de croissance de l'entreprise.

Cette logique complémentaire et novatrice est illustrée par le schéma ci-après où l'on distingue la démarche traditionnelle « descendante » qui vise à développer la croissance par des actions d'amélioration, d'innovation et d'acquisition, que nous complétons par la démarche « montante » de connaissance client induisant la croissance.

LA LOGIQUE DE CONNAISSANCE CLIENT

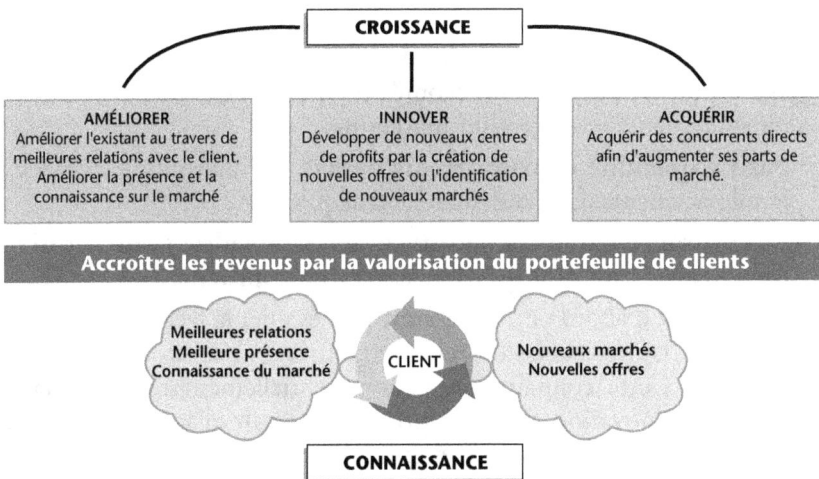

On qualifie cette démarche complémentaire de « montante » pour refléter le fait qu'il s'agit d'exploiter des informations « terrain » issues du fonctionnement opérationnel de la relation client pour alimenter la réflexion du management.

L'enjeu est d'exploiter la connaissance de ses clients pour augmenter la croissance de l'entreprise.

Par l'innovation, en créant de nouvelles offres, comme c'est le cas des offres de services pour les acquéreurs d'automobiles (accessoires, financement, assurance, entretien, prêts de véhicule…) ou les passagers des compagnies aériennes (vol, hôtel, voiture).

Ou par l'identification de nouveaux marchés, issus de la compréhension des besoins des clients comme c'est le cas de la bancassurance, notamment dans la perspective de développer des ventes croisées.

En améliorant l'existant par la connaissance approfondie du marché. Au travers d'une plus grande intimité avec ses clients, il s'agit d'exploiter le potentiel du portefeuille existant de clients, soit pour mieux en recruter de nouveaux, soit pour développer la « part de portefeuille » des clients, c'est-à-dire la part des dépenses que les clients lui consacrent.

Cette exploitation passe par une connaissance plus approfondie et plus détaillée de sa clientèle. Il est alors question de mieux connaître la façon dont elle est structurée, l'analyse du chiffre d'affaires actuel et potentiel de chaque client, et plus encore de sa rentabilité, une meilleure compréhension des besoins des clients grâce à une relation de proximité (nos voitures deviennent, enfin, une réponse aux expressions des besoins écoutés et entendus des clients et non plus uniquement un produit marketing).

Par l'acquisition de concurrents directs, en valorisant le portefeuille de clients dans la démarche d'acquisition.

La croissance par la connaissance des clients n'est pourtant ni un slogan, ni un mot d'ordre. C'est une approche.

Elle permet d'abord de comprendre et d'évaluer la façon dont une meilleure connaissance des clients contribue à la croissance de l'activité. Cette connaissance peut potentiellement renforcer la faculté d'innovation de l'entreprise, sa capacité d'acquisition de clients et de chiffre d'affaires et enfin d'amélioration des procédures et pratiques en cours.

Cette approche consiste ensuite à en évaluer l'impact organisationnel. Mieux connaître les clients n'est pas seulement l'affaire d'un service d'études de marché, c'est une démarche organisationnelle. Par exemple, un point de vente n'est plus seulement un lieu où l'on vend un produit, mais un lieu où l'on recueille et où l'on donne de l'information. Cette dernière est ciblée et fonction de la stratégie de relation définie. L'information collectée sert à enrichir la connaissance qui sera ensuite exploitée par toute l'entreprise dans son processus de croissance.

Toutes les entreprises qui s'engagent dans **une gestion active de la relation client** passent par une étape de réflexion sur le sens des informations données et collectées. En effet, pourquoi gérer des informations qui n'ont pas de valeur ajoutée ?

Au final, chaque entreprise, en fonction de ses enjeux et de sa culture, développe sa propre approche de la connaissance de ses clients.

Lexmark (présenté en détail avec le deuxième levier « valeur client ») doit en partie son essor à la connaissance des besoins de ses grands comptes. **Lexmark** a en effet été le premier constructeur d'imprimantes à dédier des conseillers présents chez ses grands clients.

Rhodia EP (présenté en détail avec le troisième levier « multicanal ») a cherché à améliorer la connaissance de ses clients, d'une part en se concentrant sur ses clients principaux et en leur dédiant une force de vente spécifique qui constitue le premier instrument de connaissance de ces clients, d'autre part en cherchant à initier une relation directe avec les utilisateurs finals clients de ses distributeurs.

Lafarge Mortiers (présenté en détail avec le quatrième levier « organisation et culture »), n'ayant accès à ses clients finals que par le biais de distributeurs, a cherché à s'assurer une remontée directe d'informations par le terrain et donc à mieux connaître les applicateurs de ses produits : les « façadiers » pour les produits de façade et les poseurs de carrelage pour les colles murs et sols.

Peugeot (présenté en détail en troisième partie) a suivi une démarche nouvelle dans le monde de l'automobile. Comme tous les constructeurs, **Peugeot** connaît ses clients au travers de très nombreuses enquêtes. Jusqu'alors le contact avec le client était dans le réseau. Désormais le contact direct établi entre la marque et les clients permet d'envisager une gestion client ; ceci va au-delà de ce qu'autorisaient les remontées d'information et les enquêtes. La marque partage avec le réseau, dans une logique de partenariat, les informations collectées auprès des clients.

Au travers de la meilleure connaissance des clients, du désir de développer des relations selon les modes souhaités par les clients, ce que la marque vise c'est la gestion de la relation.

La pratique aux « Services Financiers » de La Poste

>>>>>

INTÉRÊT POUR LE LECTEUR

Le cas de la Poste est particulièrement intéressant pour approfondir les enjeux de la connaissance client et ses implications organisationnelles. Cette vaste entreprise illustre le niveau d'investissement nécessaire à l'acquisition d'une parfaite connaissance des clients quand on dispose de bases de clients très importantes et d'un Réseau de distribution très étendu .

Or cette connaissance devient un impératif pour résister à la concurrence et repenser le dispositif commercial. Passer du traitement d'un flux de contacts spontanés à la maîtrise d'un plan de contact implique une compréhension très claire des enjeux économiques, une évaluation des contraintes organisationnelles et enfin une stratégie claire d'acquisition de connaissance.

L'illustration du premier levier
de « connaissance client »

Afin d'améliorer leur efficacité et de développer leur activité, les Services Financiers de La Poste ont redéfini leur mode relationnel multicanal autour des bureaux de Poste, des centres de relation téléphoniques, du courrier, du minitel et d'internet. Dans cette démarche la première action a été orientée vers l'amélioration du processus de connaissance des clients à partir d'une segmentation comportementale.

Le contexte

La Poste porte un intérêt croissant au développement de son activité de distribution et de gestion des Services Financiers.

La Poste est l'un des premiers employeurs de France avec plus de 300 000 postiers. Elle a la particularité d'exercer son activité autour de 3 grands pôles : le courrier, les services financiers et le colis/express. Ces métiers représentent respectivement 59%, 23% et 18% d'un chiffre d'affaires de près de 18 milliards d'€.

Contrairement aux idées reçues, Les Services Financiers de **La Poste** sont en situation de concurrence. Le pôle Colis/Express est lui aussi en situation de concurrence totale et le pôle courrier le sera totalement en 2009.

Dans ce contexte concurrentiel, **le Groupe La Poste** a engagé une profonde transformation, avec l'ambition de rejoindre le niveau de performance, de services et de qualité des meilleurs opérateurs de chacun de ses métiers.

Pour assurer sa croissance, **La Poste** doit s'appuyer sur ses atouts propres, en particulier son réseau de proximité de 17 000 points de contact, sans équivalent en France et en Europe à la fois par sa taille et sa diversité qui accueillent chaque jours 3.5 millions de clients.

Toutefois, le réseau de proximité ne donnera pas à lui seul les moyens d'atteindre les objectifs ambitieux poursuivis par **La Poste**. C'est pourquoi **La Poste** s'est rapidement investie dans l'utilisation massive des techniques de communication à distance et en particulier dans une utilisation plus efficace du « canal courrier » (marketing direct et courriers de gestion), du canal téléphonique et d'Internet.

>> L'offre des services financiers

Dès 1868, **La Poste** commercialisait des produits d'assurance, elle a innové dans les services financiers en créant en 1918 les CCP et en diffusant les chéquiers. Aujourd'hui **La Poste** gère plus de 45 millions de comptes, 10,8 millions de comptes de dépôts, 29 millions de comptes d'épargne, 4,8 millions de contrats d'assurance vie, des centaines de milliers de contrats de prévoyance et de crédits immobiliers. Ces contrats concernent plus de 28 millions de clients.

>> Un dispositif exceptionnel de points de contacts physiques

Les 17 000 points de contacts assurent une masse considérable d'actes de conseil et de vente, toute activité confondue : on dénombre plus de 260 millions d'opérations réalisées pour les activités financières, et près de 30 millions d'appels téléphoniques concernent les services financiers

L'activité de ces points de contact est très variée, selon qu'ils sont situés en centre urbain, en Zone Urbaine Sensible ou en zone rurale. 10 337 de ces points de contact sont situés dans des communes de moins de 2000 habitants et 1048 points de contact sont situés dans des Zones Urbaines Sensibles.

Enfin, les fonctions au sein d'un même point de contact sont très variées.

• Le « guichet » intervient sur les 3 pôles d'activité (Services Financiers, Courrier, Colis/Express et assure : l'accueil, le renseignement, la prise en charge des réclamations ; le traitement des opérations financières (dépôts, retraits sur les comptes d'épargne et les CCP) ; le traitement des opérations de vente des produits pour les pôles courrier et colis/express. Cette activité mobilise près de 40 000 agents de guichets.

• **La Poste** dispose de plus de 4400 automates de types DAB. Ils permettent le retrait d'argent, mais disposent pour une part d'entre eux de fonctions plus complexes telles que le virement de comptes à comptes, la commande de chéquiers ou la demande de rendez-vous avec un Conseiller. Les DAB enregistrent environ 300 millions d'opérations par an dont près de 200 millions de retraits.

• Les « conseillers » au nombre de 6000 assurent les fonctions de conseil et de vente.

- Les conseillers spécialisés en patrimoine ou en immobilier (environ 1100) apportent, un conseil d'expert dans les domaines du prêt immobilier ou de la gestion du patrimoine,

>> **Différentes structures animent une relation multicanal**

Différentes structures gèrent la relation avec les clients ou soutiennent le dispositif de contact commercial.

- Les centres régionaux des services financiers (CRSF) assurent l'accueil téléphonique entrant et des opérations de gestion et de service après-vente de la Relation Client, voire de vente. 6 millions de courriers et 12 millions d'appels téléphoniques par an arrivent dans les CRSF.

- Grâce à l'expérience acquise par les CRSF, **La Poste** dispose d'une expérience de premier niveau dans le traitement des clients à distance.

- Les canaux automatisés à distance (serveurs téléphoniques / Minitel / Internet) ont été beaucoup développés. Les serveurs téléphoniques automatiques traitent environ 30 millions d'appels entrants, en particulier la réponse aux demandes de position des comptes CCP.

La Poste est la première banque à distance française par le nombre d'abonnés. **La Poste** offre une palette complète de services financiers via Internet, minitel et téléphone. Le minitel enregistre 24 millions de visites par an et Internet 45 millions de visites par an.

Ce qui caractérise le traitement multicanal des clients de **La Poste**, c'est certainement la masse considérable des contacts qui se comptent par centaines de millions, l'importance des effectifs en contact et de la diversité des clients rencontrés, ce qui pose le problème de l'optimisation du traitement des contacts d'une manière originale.

>> **L'évolution des demandes du public**

La Poste compte 28 millions de clients. On imagine parfois que **La Poste** est la banque privilégiée des clientèles « sociales ». Certes plus d'un million de clients de **La Poste** sont en situation de précarité, et **La Poste** est soucieuse de répondre à leurs attentes. Mais les Services Financiers de La Poste gèrent aussi une clientèle patrimoniale comparable en nombre à celle des grands établissements bancaires français. Avec 28 millions de clients, le fichier des clients de **La Poste** est représentatif de l'ensemble de la population française et les demandes des clients de **La Poste** évoluent de la même manière que celles de l'ensemble des consommateurs français. On note en particulier des attentes qui se complexifient. Les demandes portent sur :

• Une plus grande personnalisation des services (adaptation de l'offre aux besoins) ;

• Une plus grande valeur ajoutée dans l'offre qui se traduit par une demande de conseils de plus en plus sophistiqués dans le domaine des services ;

• Une plus grande prise en compte de la personne dans les relations (écoute, prise en compte de la fidélité etc…).

La relation de proximité reste pour la plupart des clients un besoin essentiel, mais elle n'exclut pas le multicanal, la pluralité des canaux étant également un moyen de faciliter l'accès aux services.

Les clients utilisent le canal qui leur convient le mieux en fonction de leurs besoins et en fonction des opérations qu'ils souhaitent réaliser (par exemple : accès aux bureaux pour obtenir du conseil, téléphone pour obtenir des informations ou communiquer des renseignements, Internet pour consulter son compte et passer des ordres de bourse).

Ce que l'on attend d'une relation de proximité est aussi très variable. Il est possible de l'illustrer à travers la demande de conseil concernant la gestion du budget ou des avoirs financiers. Une partie des clients désire prendre seule les décisions qui concernent la gestion de son budget ou de ses avoirs sans recours à un conseiller. Une autre partie des clients accepte le recours à un conseiller mais prendra ses décisions seule. Enfin, le reste des clients suivra la recommandation de son conseiller. On note par ailleurs l'émergence d'une population fortement utilisatrice d'Internet pour la relation bancaire qui rencontre très peu le conseiller financier (cette population est encore minoritaire).

Pour **La Poste** il s'agissait de déterminer comment prendre en compte une telle diversité de clients.

L'élément déclenchant : l'entreprise doit repenser son dispositif commercial

Le modèle de distribution classique des établissements financiers repose sur un rattachement des clients à un portefeuille géré par un conseiller financier dans une agence locale. Les services d'appui assurent presque exclusivement des actes de gestion et de SAV pour le compte du conseiller financier qui représente le point d'entrée principale ou « pivot » de l'établissement financier. C'est le conseiller qui oriente les achats du client, règle ses difficultés de gestion et récompense sa fidélité. Une part essentielle de la connaissance du client est concentrée dans l'agence locale. Les actions de marketing direct dans ce modèle bancaire ont eu longtemps pour but de créer du trafic sur les conseillers et n'avaient pas de fonction de vente directe.

Ce type de dispositif est très « centré » sur les conseillers, la performance est appréhendée par la mesure de l'efficacité des vendeurs, leur aptitude à développer le fonds de commerce et à maîtriser le risque.

Le modèle « postal » introduit plusieurs originalités :

- Le Conseiller Financier n'est pas le seul à assurer le développement du fonds de commerce.

- Le CRSF dans son rôle de traitement de la relation à distance reçoit des appels des clients pour traiter des actes de gestion et des opérations de SAV, il peut à ces occasions profiter d'opportunités de ventes de produits simples. Il prend aussi contact directement avec les clients pour compléter des dossiers ou obtenir des informations qui sont nécessaires pour assurer une bonne qualité de service.

- Les Conseillers spécialisés dans le domaine du conseil patrimonial et immobilier prennent aussi en charge la relation avec le client en coordination avec le Conseiller financier.

- Des actions spécifiques engagées par téléphone réalisent de la télévente et prennent des rendez-vous pour les Conseillers financiers.

La Poste a su, ainsi, développer un modèle de distribution utilisant plusieurs canaux dans les actes de gestion, mais aussi dans les actes de vente.

Les enjeux : pour assurer la croissance de son activité, La Poste doit adapter son mode relationnel

Dans l'objectif d'améliorer son activité commerciale, **La Poste** s'est rapidement interrogée sur les modalités d'évolution de son dispositif multicanal.

Les questions posées dans ce type d'analyse sont toujours de la même nature :

- Quels services doivent être mis à disposition sur les différents canaux (renseignements, achats de contrats et services, prise de rendez-vous, réclamations, etc) ?
- Faut-il proposer tous les canaux à tous les clients sans limite à leur accès ?
- Faut-il choisir de contrôler les flux parvenant sur les canaux en instaurant un dispositif de tarification des accès ?
- Faut-il construire des offres marketing d'accès à des canaux (par exemple, un package incluant tous les services financiers en accès à distance et une facturation à l'acte pour la demande de conseil en face à face) ?
- Faut-il contrôler les flux de contacts sur certains canaux en limitant l'offre auxquels ils donnent accès ou en différenciant cette offre (des contrats plus sophistiqués sur certains canaux par exemple) ?
- Faut-il orienter l'utilisation des canaux en pratiquant une politique tarifaire différenciée des ventes de contrats et services selon le canal utilisé ?

>> La politique de collecte et de gestion de l'information sur les clients

Il est rapidement apparu que pour répondre à toutes ces questions de manière pertinente, il était nécessaire d'améliorer la connaissance que **La Poste** avait de ses clients.

Un projet a immédiatement été organisé autour de la collecte des informations et de la mise en place d'analyses des attentes des clients.

L'objectif consistait à identifier des groupes de clients relativement homogènes en terme d'attentes vis à vis des Services Financiers de **La Poste** pour leur apporter la réponse attendue, sur le canal le mieux adapté et sous la forme la plus pertinente.

Pour les aspects de **connaissance client**, cela consiste à :

• Bien connaître le client (des données riches, fiables, accessibles).

• Identifier les informations pertinentes pour disposer d'une meilleure perception de ses attentes (appétences, comportements, préférences).

• Savoir traiter ces informations pour anticiper l'apparition de nouveaux besoins (ex : franchissement d'âges caractéristiques comme la majorité, probabilité de démarrage dans la vie professionnelle, évolution significative des capacités d'épargne traduisant une nouvelle étape dans la vie etc.).

Pour les aspects de **personnalisation de la relation client**, cela consiste à :

• Organiser le partage de la connaissance entre tous les acteurs de l'action commerciale.

• Sélectionner les opportunités d'action les plus appropriées.

• Identifier les propositions les plus pertinentes à un moment donné parmi toutes celles que l'établissement est susceptible de faire dans le cadre des actions retenues.

• Mettre les actions à disposition des canaux.

Pour le **traitement de la relation multicanal**, cela consiste à :

• Affecter les actions aux canaux les plus appropriés (selon la préférence des clients, les objectifs de l'entreprise, l'économie du dispositif…).

• Définir les modalités de mise à disposition de l'offre sur les différents canaux (en particulier le rôle des acteurs du dispositif commercial).

• Enregistrer la réalisation du contact, mesurer le résultat et transmettre l'information au domaine de connaissance client.

La démarche de transformation

Lancé en 2002 la démarche d'amélioration de la connaissance des clients dénommée Alice 2, a conduit à l'élaboration d'une nouvelle segmentation des clients utilisée par l'ensemble des canaux depuis janvier 2004.

Parvenir à une connaissance fine des clients a nécessité un diagnostic précis de l'état de la connaissance disponible.

Très vite il apparaît que **La Poste** ne dispose pas de toutes les informations nécessaires à la construction d'une représentation complète de ses clients.

Et plus précisément que la donnée existe mais qu'elle n'est pas organisée pour les besoins de la connaissance des clients et pas accessible aux équipes de statisticiens.

Le projet de lancement d'un entrepôt de données plus complet est alors lancé, et il s'avère très vite qu'il s'agit d'un projet d'une grande envergure s'inscrivant dans une trajectoire d'urbanisation du système d'information dont la réalisation se situe bien au delà des besoins de définition d'une politique multicanal.

Décision est alors prise de créer un prototype de cet entrepôt de données (projet « Le Labo ») consistant à collecter toutes les informations disponibles dans le système d'information et à les stocker sur un « serveur autonome ».

Réalisée en totale coordination avec la Direction de l'informatique cette solution présente l'avantage d'être relativement facile à mettre en œuvre et simple d'exploitation. Des outils d'analyse de la donnée sont installés sur ce « Labo » qui dispose d'une capacité de 2 tera octets de données.

Ce support d'analyse qui peut être alimenté de données externes est rapidement devenu une source de connaissance considérable et a largement contribué à la validation d'une nouvelle segmentation.

Chapitre 2

La valeur client

Comment optimiser la rentabilité de l'entreprise en personnalisant la relation client à partir d'une segmentation client de plus en plus fine ?

Dans ce chapitre, nous étudierons les effets bénéfiques sur la rentabilité globale de l'entreprise d'une bonne connaissance de la rentabilité de ses clients.

Quels sont les clients rentables ? Quels sont les clients à potentiel ?

Une réflexion sur le sujet conduit à une évolution de l'organisation pouvant toucher la plupart des fonctions de l'entreprise telles que :

• **les fonctions marketing**, avec des offres de produits et de services adaptés aux différents segments rentables de clients, avec une segmentation client de plus en plus affinée – évolution du marketing de masse vers un marketing individualisé – l'entreprise tend vers un marketing de plus en plus personnalisé qui peut aller jusqu'au *one to one*.

• **les fonctions commerciales**, avec l'affectation de commerciaux expérimentés aux clients à forte valeur, avec le développement du multicanal pour les décharger de tâches à faible valeur ajoutée et automatisables.

Pour illustrer la pratique de ce deuxième levier en entreprise, nous présenterons l'expérience de **Lexmark**.

Deuxième levier de la réussite du CRM : la valeur client

Une priorité pour toute entreprise : connaître la marge réalisée avec chaque client. Si le premier levier est de connaître ses clients, le deuxième consiste à exploiter la connaissance en matière de rentabilité client. Il vise à classer les clients en fonction de leur valeur afin :

• Dans un premier temps, **d'adapter les offres de produits et de services.** (Comment détecter et accroître les gisements de rentabilité dans les offres produits/services auprès des clients ?) ;

• Pour ensuite, **affecter les moyens commerciaux adéquats** pour chaque typologie de clients. (À quoi cela sert-il d'adapter les offres de produits et de services si personne ne sait ou ne veut les vendre dans l'entreprise ?) ;

• Et le cas échéant, **modifier la configuration du dispositif relationnel multicanal** comme cela sera évoqué plus loin dans l'ouvrage avec le levier 3 « multicanal ».

La démarche

Prendre conscience de la qualité des clients (illustrée par le graphique ci-après) et adapter la stratégie relationnelle en conséquence.

Réaffecter les moyens commerciaux : certains clients seront mieux suivis (force commerciale dédiée), d'autres seront traités comme des clients distants en utilisant les canaux de type centres d'appels et internet, d'autres encore seront remis à la distribution et non plus suivis directement. Le client étant par nature budgétivore de forces commerciales dédiées, il est impératif de suivre un indicateur de valeur ajoutée de ces moyens dédiés.

Redéfinir les processus relationnels avec les différents segments de clients dans ce nouveau contexte où l'équilibre est différent entre commercial, distributeur, centres d'appels et internet.

Construire un système de pilotage de la connaissance client :
- Collecter les informations sur le client (mais lesquelles ? C'est là tout l'enjeu du *datamining*) ;
- Stocker ces données dans un *datawarehouse* accessible et maîtrisable dans le temps ;
- Manipuler ces données pour répondre aux objectifs de stratégie relationnelle retenus, c'est-à-dire valider la cohérence entre les efforts de l'entreprise vis-à-vis de son client et le potentiel de celui-ci.

Créer un système de pilotage du vendeur dans la conduite de sa relation au quotidien avec le client.

Le schéma ci-après montre, qu'en fonction de la qualité des segments de client, l'entreprise a intérêt à développer des processus de fonctionnement distincts qui vont de la rétention, développement et acquisition de clients rentables, à la rentabilisation (et jusqu'à l'abandon des clients qui font perdre de l'argent).

ADAPTER LA STRATÉGIE À LA QUALITÉ DES CLIENTS

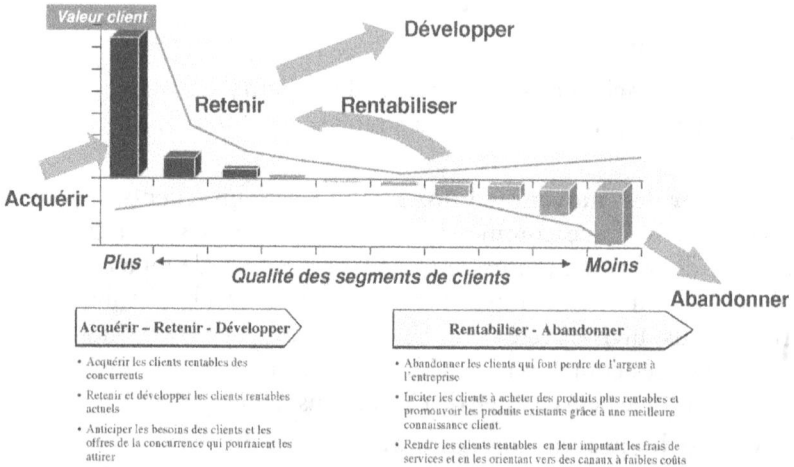

Il faut cesser de dérouler un tapis rouge ou de déployer des moyens commerciaux disproportionnés par rapport au potentiel du client.

© Éditions d'Organisation

∧≥≥
∧
Un exemple d'expérience révélatrice

Établissez la liste de vos bons clients en indiquant leur rentabilité (CA rapporté aux efforts consentis).

Presque immanquablement, les plus gros clients en termes de CA sont les premiers de la liste et sont généralement signalés comme étant les plus rentables.

Lorsqu'on affecte tous les coûts réels (le temps effectivement consacré par la force commerciale à ce client, les ressources techniques et d'après-vente mobilisées pour le satisfaire et les frais réels de transport qui lui sont attachés), on est surpris de constater que certains clients déclarés « bons » ne sont plus rentables.

Comprendre la segmentation des clients

L'entreprise cherche de plus en plus à anticiper les réponses qu'elle fournit à ses clients. Anticiper les besoins, apporter les solutions adaptées, proposer les bons produits et services par le meilleur canal, tels sont une partie des enjeux de la relation client.

Pour y répondre, les entreprises ont appris à segmenter : par marché, par segment de marché, par secteur. C'est le moyen d'approcher la connaissance du client à défaut de « connaître » le client de façon plus « fine ». La segmentation comportementale peut, quant à elle être considérée comme une étape vers le *one to few*, *few* étant un groupe homogène de *one* à un moment donné.

On distingue donc plusieurs types de segmentation comme l'illustre le schéma suivant :

LES DIFFÉRENTS TYPES DE SEGMENTATION

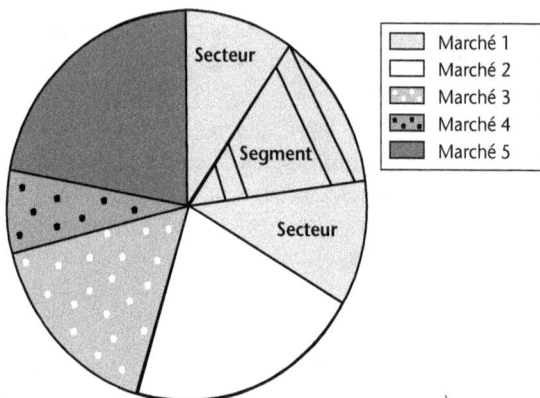

Plusieurs centaines de clients, sur plusieurs dizaines de segments, sur quelques secteurs (5 à 10), sur 1 à 5 marchés.

À une période déterminée, un individu présente tel ou tel type de comportement.

> Dans la banque, un client pourra être considéré comme appartenant :
>
> au marché des particuliers,
>
> au secteur des actifs 40/45 ans, mariés, pères de famille,
>
> ou à celui des investisseurs.

La segmentation par marché résulte d'un choix stratégique et va aider l'entreprise à définir ses offres par rapport à celles de ses concurrents.

La segmentation commerciale va conduire l'entreprise à connaître le poids et le potentiel de groupes de clients, ce qui va aider l'entreprise à organiser son service commercial.

La segmentation comportementale va s'attacher à déterminer la valeur des clients à partir de leurs comportements ; les forces de vente auront à disposition les informations les conduisant à vendre plus et mieux.

La segmentation personnalisée est une évolution de la segmentation comportementale avec mise en place de systèmes fins de pilotage des vendeurs : telle préconisation produits/services à tel client dans telle circonstance.

Mais il y a une difficulté : très souvent l'entreprise ne comprend pas la segmentation mise en œuvre. Pourquoi ? Tout simplement parce que la segmentation est « vendue » en interne comme un outil, quelque peu magique, dont on attend tel ou tel résultat. Or cet outil est installé sans que les processus relationnels soient modifiés, sans que les acteurs internes de la relation soient informés, formés et sans qu'ils deviennent des utilisateurs actifs des nouveaux processus.

La connaissance client des acteurs est, dans bien des cas, supérieure à celle résultant de la segmentation, de sorte que l'apport d'un système de segmentation apparaît comme une régression.

Il est nécessaire que le système d'information soit opérant en termes de collecte et de diffusion d'informations, en tout point de contact client et que les processus de classification des clients par segments soient rodés et partagés pour que les acteurs perçoivent un avantage par rapport au système classique et empirique de connaissance client qu'ils avaient façonné au fil des ans.

L'objectif d'une bonne segmentation est de créer un système de pilotage du vendeur dans la conduite de sa relation au quotidien avec le client.

C'est pourquoi un projet de segmentation ou de « valeur client » doit être construit en équipe. Qui mieux que les responsables de clientèle sont habilités à définir le potentiel de leur client : leurs besoins et leur valeur en termes de capacité d'échanges profitables dans la durée pour l'entreprise comme pour le client ? Cet aspect sera repris plus loin dans l'ouvrage au chapitre « organisation et culture ».

L'INFORMATION SYSTÈME ET L'INFORMATION CLIENT

Je connais mes 350 clients sur le bout des doigts et je sais ce que je dois leur vendre

Produits	X1	X2	X3	X4
Client type A	x	x		
Client type B	x		x	
Client type C	x		x	x

Le système vous dit qu'il faut vendre X1 et X3 à M. Ducoin qui est de type B

Comment optimiser ?

Les Services Financiers de La Poste (présentés en détail avec le premier levier « connaissance client ») **ont su créer le consensus** de leurs forces de ventes, les conseillers financiers, **au sujet de la mise en œuvre d'un mode de segmentation des clients**.

Le 1er **temps** a permis de procéder à une **définition des catégories de clients** à partir d'éléments tant internes qu'externes. Pendant une année, un groupe de travail constitué d'hommes de terrain, d'hommes de marketing, de RH, et de statisticiens s'est réuni régulièrement, en invitant à participer à leur réflexion le plus grand nombre d'acteurs en contact avec les clients. Il a bâti une classification des clients en termes de besoins (produits et services) et de moyens d'accès (via un conseiller ou de façon distante), en relation avec la stratégie définie par **La Poste**.

Le 2e **temps** a consisté en une large enquête portant sur un grand nombre de clients pour valider la classification et vérifier qu'elle était bien en harmonie avec les attentes des clients.

Le 3ᵉ temps a été celui de l'analyse fine des clients du portefeuille des conseillers financiers. Ces derniers ont donc classé leurs clients en potentiels. Le même travail a été fait en fonction des catégories définies par le groupe de travail.

Le résultat est allé au-delà des espérances : la connaissance intime des clients par les conseillers financiers est en adéquation parfaite avec celle de la segmentation statistique. Cette démarche a permis de révéler et d'industrialiser un processus d'analyse qui existait de fait grâce à l'expérience et à la qualité de l'entité relationnelle constituée par les conseillers financiers. **Les Services Financiers de La Poste** peuvent désormais travailler à partir de processus relationnels s'appuyant sur des catégories de clients.

L'entreprise et ses employés ont ensemble créé une nouvelle approche industrialisée d'un mode relationnel basé sur le potentiel client.

Rhodia EP (présentée en détail avec le troisième levier « multicanal ») a très rapidement classé ses clients en fonction de leurs besoins et attentes de services et en fonction de ses capacités à les satisfaire.

L'entreprise a ainsi focalisé ses forces de ventes sur quelques gros clients qu'elle traite directement et a confié à la distribution un certain nombre de clients afin qu'ils soient mieux traités ; les raisons pouvant être la proximité, le conditionnement des produits en petites quantités…

Lafarge Mortiers (présentée en détail avec le quatrième levier « organisation et culture ») a profité de la transformation de son système informatique pour recueillir plus d'informations et affiner la connaissance de ses clients et de leurs contributions à la marge de l'entreprise.

Peugeot (présentée en détail dans la troisième partie), comme tous les constructeurs automobiles, travaille de longue date par segments de clients. **En fait, ils ont créé des véhicules correspondant à des segments de clients.** D'où, dans le **groupe PSA** des gammes telles que 206-307-406-607 et 807 ou C2-C3-C5 et C8.

À partir d'une plateforme automobile correspondant à un large segment de clientèle, les constructeurs ont cherché à affiner et à couvrir plusieurs segments de clients ; d'où la stratégie d'options avec différentes motorisations et différentes finitions. On constate que **c'est par le marketing produit que le constructeur automobile a créé une segmentation client.**

La novation dans l'approche de **Peugeot** consiste en l'amélioration de la réponse aux attentes des clients, parce que l'entreprise aura appris à gérer la relation client et à mieux le connaître (levier 1). On passe ainsi d'une logique où *« j'ai un éventail d'offres à partir de plateformes d'automobiles pour satisfaire le plus grand nombre de clients »* à une logique de *« je suis capable de proposer l'offre la mieux adaptée aux besoins de ce client »*.

La pratique chez Lexmark

>>>>> ──────────────────────────────

INTÉRÊT POUR LE LECTEUR

Le cas Lexmark est particulièrement intéressant pour approfondir les impacts d'une segmentation sur l'organisation de l'entreprise : corrélation entre les ressources de l'entreprise ainsi que des offres de produits et services, avec les typologies des différents clients.

Le lecteur verra comment il est possible d'affecter des forces de ventes à chaque segment et de formuler des objectifs de vente précis propres à chacun de ces segments et tenant compte du niveau de relation client.

L'illustration du deuxième levier de « valeur client »

Afin de poursuivre sa croissance dans le monde, le groupe Lexmark a déployé une segmentation fine selon les niveaux de relation et de service qu'il entretient avec ses trois types de clients : professionnels, particuliers et distributeurs.

Le contexte et l'élément déclenchant

Rappelons que **Lexmark** appartient à la catégorie des *spin off* réussis.

En 1991, à son démarrage, **Lexmark**, en raison de son origine IBM, a sécurisé ses parts de marché dans les grands comptes en se distinguant et en appliquant une politique unique parmi ses concurrents : bien que commercialisant ses produits par l'intermédiaire d'un réseau de distribution, **Lexmark** a investi dans une force commerciale dédiée aux grands comptes.

Les commerciaux étaient chargés de préconiser et de proposer des solutions d'impression adaptées aux grands comptes.

Le succès de **Lexmark** de 1993 à 1998 s'explique par cette approche personnalisée du client visant à proposer une offre produit parfaitement adaptée, intégrant plus ou moins de services et parfois construite sur mesure.

C'est en 1998 que **Lexmark** a considéré qu'il devenait nécessaire de prendre des parts de marché sur le segment des PME, afin d'assurer sa croissance future.

Les enjeux

Bien que le marché des PME soit aussi exigeant que celui des grands comptes en termes de services et de personnalisation (des offres et des services), il n'était pas réaliste, ni rentable d'imaginer le déploiement d'une force commerciale dédiée, comme pour le marché des grands comptes.

De plus, la nécessité d'industrialiser et d'adapter la démarche grands comptes est alors apparue. La recherche d'automatisation de la relation client et celle de mise à disposition d'offres adaptées aux activités des PME ont conduit **Lexmark** à analyser son portefeuille de clients et de prospects et à construire un modèle de segmentation.

L'analyse fine des critères de segmentation a montré que les PME pouvaient avoir en matière d'impression des besoins comparables à ceux des grands comptes ; **la taille de l'entreprise n'était donc pas un critère de segmentation pertinent** pour le marché de **Lexmark.**

C'est ainsi que 3 segments de clients ont été retenus :

- Le marché des professionnels (qu'ils soient grands comptes ou PME) ;
- Le marché des particuliers ;
- Le canal de distribution (le réseau a été considéré comme un client).

La démarche de transformation

Le schéma suivant exprime le passage du modèle relationnel utilisé de la création de **Lexmark** en 1991 jusqu'en 1998 à un nouveau mode relationnel.

LE CHOIX D'UN NOUVEAU MODE RELATIONNEL

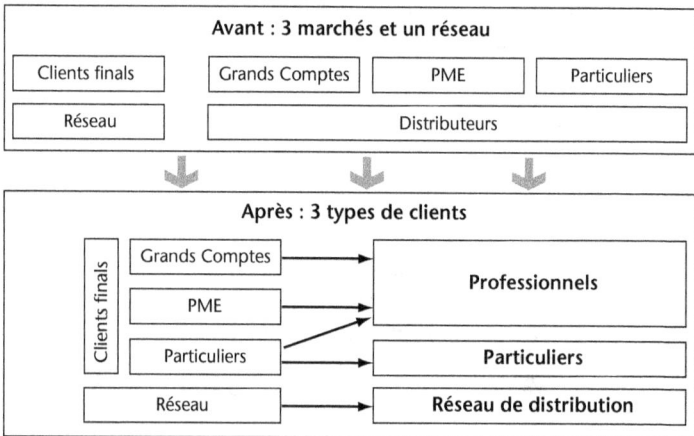

Avant : 3 marchés et un réseau			
Clients finals	Grands Comptes	PME	Particuliers
Réseau	Distributeurs		

Après : 3 types de clients		
Clients finals — Grands Comptes	**Professionnels**	
PME		
Particuliers	**Particuliers**	
Réseau	**Réseau de distribution**	

Le schéma illustre le passage d'une organisation en « trois marchés et un réseau de distribution » à une organisation en « trois types de clients ».

Puis pour chacune de ces trois typologies de clients, une segmentation spécifique a été faite.

Chaque groupe est caractérisé par deux paramètres :

Le niveau de service requis, lié à l'activité du client et à son niveau de compétences ;

> **exemple >>>**
>
> L'impression de billets est une activité critique pour l'activité d'un tour opérateur et en cas de panne, le service à lui fournir est différent selon qu'il dispose ou non d'une équipe interne techniquement compétente sur ces imprimantes.

EXEMPLE DE SEGMENTATION À PARTIR D'UNE TYPOLOGIE CLIENT : LES UTILISATEURS PROFESSIONNELS

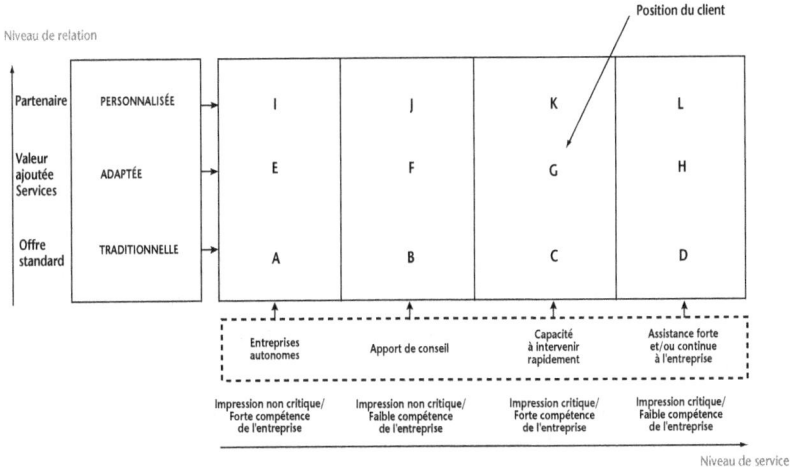

Position du client

Niveau de relation

Partenaire	PERSONNALISÉE	I	J	K	L
Valeur ajoutée Services	ADAPTÉE	E	F	G	H
Offre standard	TRADITIONNELLE	A	B	C	D

Entreprises autonomes	Apport de conseil	Capacité à intervenir rapidement	Assistance forte et/ou continue à l'entreprise
Impression non critique/ Forte compétence de l'entreprise	Impression non critique/ Faible compétence de l'entreprise	Impression critique/ Forte compétence de l'entreprise	Impression critique/ Faible compétence de l'entreprise

Niveau de service

Les utilisateurs professionnels (une des typologies de clients) ont donc été classés en 12 groupes (graphique ci-dessous).

Le niveau de relation. Ce dernier est :

- **Traditionnel**, pour les clients s'accommodant des offres standard vendues par le réseau de distribution à l'unité et à un **prix défini sur catalogue** ;
- **Adapté**, pour les clients dont les volumes d'achat ou les utilisations de produits justifient **un tarif négocié** ;
- **Personnalisé**, pour ceux qui attendent des services autres que les produits et services du catalogue, et considèrent **Lexmark** comme un prestataire partenaire de leur développement, dans le sens où cette entreprise est capable d'anticiper leurs besoins ou de proposer des solutions d'impression plus économiques et plus performantes.

L'intérêt d'une telle segmentation est double. D'une part, elle offre un meilleur service aux clients et d'autre part elle focalise les forces de ventes sur chaque « carré » de clients.

La compétence des forces de ventes, le temps à consacrer aux clients, les objectifs assignés aux vendeurs sont définis pour chacun de ces groupes de clients.

Ajoutons que, dans chaque groupe, les actions auprès des clients étaient spécifiées suivant la nature de ces clients : rentables, potentiels et stratégiques.

Les résultats

L'un des avantages majeurs de cette réorganisation est certainement celui d'avoir permis à **Lexmark** de passer du stade artisanal, lié à sa période de création et de développement, à un stade plus industriel.

Le stade de la période de création reposait sur les hommes et la connaissance qu'ils avaient des clients, mais celle-ci n'était pas partagée. Il s'agissait d'une époque sans mémoire d'entreprise !

La part de marché de **Lexmark** dépendait pour l'essentiel du nombre de commerciaux.

La nouvelle ère, plus industrielle, démarrée après 1998, a permis à l'entreprise de se développer sur un marché plus large, tout en préservant une grande satisfaction client (raison du succès de **Lexmark** dans la première période) avec une productivité accrue et des offres mieux « packagées ».

Les réponses aux clients, les offres, la relation client sont désormais du domaine de l'entreprise, et ne sont plus dépendantes des hommes.

Chapitre 3

Le multicanal

Comment gérer les multiples points de contact client ?

Dans ce chapitre, nous mettons en exergue l'importance pour une entreprise de connaître tous les points de contact possibles avec ses clients pour chaque type de canal ; l'enjeu est de savoir quelle information est disponible en chaque point de contact, quelle information est collectée et quels processus existent.

Pour illustrer la pratique du troisième levier, nous présenterons l'expérience de **Rhodia EP**.

Troisième levier de la réussite du CRM : le multicanal

Les points de contacts « orphelins »

La gestion des points de contact de l'entreprise avec ses clients introduit la réflexion autour de **deux enjeux majeurs en matière de relation.**

L'enjeu culturel : Pourquoi il ne suffit pas de déployer une bonne organisation avec de bons outils ?

L'enjeu multicanal : Comment faire pour assurer la cohérence de la relation, sachant que les contacts seront réalisés sur plusieurs canaux, que les canaux n'ont pas le même coût d'exploitation pour l'entreprise et que le client s'attend, lui, à un choix étendu.

EXEMPLE DE CARTOGRAPHIE DES POINTS DE CONTACT

	Avant-Vente	Vente	Après-Vente
Contacts entrants à l'initiative du client	1. Réactions à une campagne de communication 2. Demande d'informations 3. Visite de show-rooms – visite de salons locaux 4. Demande d'essai 5. Négociation commerciale	10. Commande véhicule 11. Réclamation suite à un retard de livraison non communiqué 12. Résiliation commande 13. Livraison 14. Achat de financement 15. Achat de contrats garantie, contrats entretien et contrats assurance 16. Achat accessoire, article boutique et pièce magasin 17. Souscription d'une carte de la marque	22. Prise de rendez-vous pour révision ou entretien 23. Visite pour révision ou entretien 24. Incident non immobilisant 25. Appel suite accident ou panne immobilisante 26. Panne immobilisante 27. Accident 28. Demande information produits ou services après-vente, ou conseils techniques 29. Achat produits et services après-vente 30. Réclamations 31. Gestion de crise 32. Passage à la station service 33. Relais magasins spécialisés
Contacts sortants à l'initiative de l'entreprise	6. Campagnes de communication 7. Envoi d'informations 8. Proposition d'essai 9. Relance client	18. Prise de rendez-vous livraison 19. Retard livraison 20. Remise d'un kit de bienvenue 21. Opération de mesure de la satisfaction client	34. Envoi des supports de fidélisation 35. Campagnes de communication 36. Envoi d'informations produits et services après-vente 37. Rappel visites incluses dans le contrat de service – rappel visites cycle d'entretien VN/VO 38. ISC après-vente 39. Campagne de rappel 40. Gestion de crise
Evénements liés à la vie du produit			41. Échéances contrat de garantie, contrat de service – Échéance cycle entretien VN/VO 42. Changement de propriétaire

Cette cartographie a été établie par un constructeur automobile.

L'axe horizontal – avant-vente, vente, après-vente – **est une représentation simplifiée du cycle de vie du client.**

L'axe vertical – contacts entrants, contacts sortants, événements – **est une représentation des événements qui peuvent se produire tout au long de la vie de la relation entre entreprise et client.**

Nous sommes alors capables d'identifier toutes les occasions de contacts entre l'entreprise et son client tout le temps de leur relation commune.

Sur les 42 points de contact physiques ou distants répertoriés (dans l'exemple ci-dessus), si seulement un tiers d'entre eux est maîtrisé en terme de processus (un vendeur reçoit un client dans une concession automobile et enregistre la commande d'un véhicule) cela veut dire que près des deux tiers sont constitués d'orphelins.

À tous ces « endroits » de l'entreprise, un client peut être en contact physique (dans une agence, face à un employé) ou virtuel (sur internet) sans que ce lieu ne dispose, de façon organisée, de l'information nécessaire au traitement du sujet du client ou qu'il ne profite de l'opportunité pour collecter de l'information et échanger avec le client.

Ce sont les « endroits » ou points de contact orphelins de l'entreprise.

L'un des enjeux du CRM est la valorisation de ces emplacements cachés où rien n'est réellement maîtrisé ou défini.

Cela signifie-t-il pour autant que l'entreprise doit définir des processus pour chacun de ses points de contacts ? La réponse est « non », à moins de vouloir transformer l'entreprise en une administration figée. En revanche, surtout si une telle analyse structurée n'a pas encore été menée, il est fort probable que certains points de contacts disposent d'une valeur à exploiter pour un résultat à court terme.

Par ailleurs, l'ère nouvelle du multicanal a mis en évidence l'incohérence du dispositif relationnel. On relève à la fois des incohérences entre les canaux, dans la délivrance des services mais aussi l'incohérence d'un dispositif parfois dépourvu de sens pour les clients.

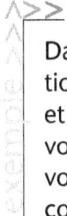

> Dans une banque, il est surprenant de constater qu'une information peut être obtenue par un « contact automatisé » sur internet et que vous ne recevrez pas la même, dans votre agence, face à votre conseiller. Il est encore plus surprenant de constater que votre agence vous propose un rendez-vous avec votre nouveau conseiller (il change tous les ans), sachant que vous en savez plus que lui et que vous allez perdre votre temps ; mais il vous faut impérativement le rencontrer, au moins une fois, pour qu'il accepte d'exécuter certaines opérations par téléphone (ce que ses prédécesseurs au même poste faisaient déjà pour vous).
>
> La réinitialisation d'un processus relationnel avec un conseiller dans une banque est d'autant plus paradoxale qu'elle ne suit pas l'évolution que nous soulignons dans ce livre et notamment en ce qui concerne **la connaissance** (levier 1) et **le multicanal** (levier 3).

Un autre enjeu du CRM est de rendre cohérentes et disponibles les informations du point de vue du client et de sa situation.

L'enjeu culturel

Le premier aspect à bien appréhender dans la gestion des points de contacts est **l'importance de la culture relationnelle.** Là où les processus s'arrêtent la culture prend le relais.

C'est par exemple l'un des défis majeurs du monde de la distribution où le réseau est géographiquement éclaté et où les hommes ont des compétences et des comportements hétérogènes. La déclinaison de la stratégie marketing et commerciale, alors que la différence se fait localement, ne peut être atteinte que par le développement d'une culture relationnelle forte.

L'objectif pour l'entreprise est de définir la limite entre ce qui est géré par les processus et ce qui est géré par la culture relationnelle.

Imaginez

Vous êtes dans un aéroport, votre correspondance du soir est défaillante et vous devez impérativement être à votre bureau le lendemain matin. L'hôtesse d'accueil peut, conformément au processus prévu, vous trouver une place sur un vol le lendemain, mais vous ne pourrez honorer vos premiers rendez-vous. Si vous avez de la chance, l'hôtesse d'accueil voyant votre embarras utilisera son expérience, ses relations professionnelles, sa connaissance de cet univers pour vous trouver une solution.

Elle ne le fait pas pour elle, mais pour sa compagnie, pour l'image de son employeur et par conscience professionnelle. C'est sa culture du service.

Pour autant, un ou des processus sont-ils définis pour traiter l'incident ? On peut sans se tromper affirmer que non. C'est la solution de compensation.

On peut tirer deux enseignements de cet exemple :

• Il est utopique et inutile de vouloir tout gérer par des processus ;

• La gestion de la relation client est autant une affaire d'organisation que de culture relationnelle.

Lors d'opérations de fusion acquisition, l'analyse de tous ces aspects va fournir des éléments précieux pour tirer toute la valeur des portefeuilles de clients.

C'est la recommandation que nous aurions faite à cette entreprise (exemple ci-après).

Exemple d'une entreprise de distribution de fournitures de bureau

Forte d'une organisation très structurée basée sur quelques commerciaux cultivant des grands comptes et une importante force d'administration des ventes pour gérer le quotidien, cette entreprise, plutôt rentable, avait choisi d'accélérer sa croissance par acquisition, en choisissant une cible plus petite et mal organisée. L'idée était claire : valoriser l'activité de l'entreprise rachetée en lui donnant un mode de fonctionnement rentable et en mettant en place des économies d'échelle. L'opération fut un désastre sur le plan financier comme sur le plan humain. Cette entreprise a perdu, en deux ans, les deux tiers des clients de l'entreprise rachetée.

Elle fit en réalité deux erreurs. La première a été de ne pas garder, au moins un temps, les fondateurs de l'entreprise rachetée au lieu de les laisser partir à la retraite. La seconde a été de vouloir transformer les commerciaux de l'entreprise rachetée en simples administrateurs des ventes, provoquant ainsi leur démotivation et des démissions en chaîne.

Ces deux erreurs montrent que la dimension culturelle a été fortement négligée. Les dirigeants de « l'acquéreur » n'ont pas compris que si la relation commerciale n'était pas gérée par des processus (ils avaient fait ce constat et avaient même basé leur valorisation sur cet aspect), c'est qu'elle était supportée par les commerciaux et leurs relations personnelles (en l'absence d'organisation ce sont les hommes et la culture qui prennent le relais). En perdant les commerciaux, ils perdirent aussi la relation client et assez vite les clients eux-mêmes.

C'est aussi en analysant la situation du rapport entre processus et culture que l'on peut mieux comprendre les raisons de succès ou d'échec de certains rapprochements d'entreprises en matière de relation client.

LE RAPPORT ENTRE PROCESSUS ET CULTURE AUX POINTS DE CONTACTS DE LA RELATION AVEC LES CLIENTS

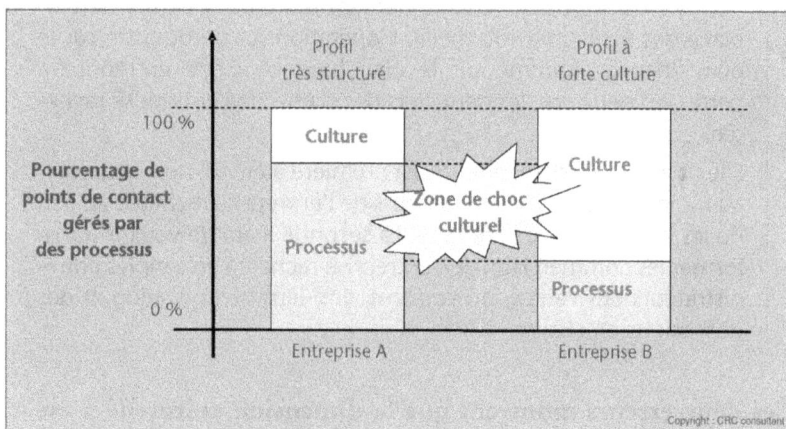

Le schéma ci-dessus illustre toute la difficulté que peut rencontrer une entreprise très structurée, voire rigide (l'entreprise A, où peu de place est laissée à l'initiative individuelle), à s'associer à une entreprise à forte culture et faiblement structurée, voire inorganisée (l'entreprise B, où une forte culture compense l'absence de processus).

De façon analogue, le schéma illustre les enjeux et parfois les crises de croissance que rencontrent certaines PME lorsqu'elles doivent abandonner un mode d'organisation dans lequel les décideurs sont proches du terrain. Au-delà d'une certaine taille, ce mode de fonctionnement simple et direct devient insuffisant. Il est alors nécessaire de mieux structurer l'entreprise et de mettre en place des processus de management, de pilotage et de standardisation des pratiques et des méthodes.

L'enjeu multicanal

Le second aspect à prendre en considération, dans la gestion des points de contacts, est la **cohérence de la relation *multicanal***,

© Éditions d'Organisation

tant du point de vue du client et de sa situation, que du point de vue de la rentabilité de l'entreprise. **L'objectif pour l'entreprise est de corréler le coût de la relation multicanal à la rémunération perçue pour les services rendus.**

L'ADAPTATION DE L'OFFRE EN FONCTION DES SEGMENTS DE CLIENTÈLES

La figure ci-dessus schématise, dans le secteur financier, l'adaptation des offres produits/services (offres A, B, C, carte gold, carte full gold, carte platinium) en fonction des segments de clients (1, 2, 3, 4 et 5), ainsi que l'adaptation des niveaux de services (offres et canaux) à la valeur du client.

On affectera plus facilement certains conseillers financiers à des clients haut de gamme et l'on privilégiera l'emploi de systèmes automatisés (*web*, centres d'appels, automates) pour une clientèle courante.

Il va sans dire que dans des phases de conquête de clientèle, le niveau de service peut dépasser le niveau de « valeur client ». C'est le cas pour des prospects ou des clients à potentiel.

Nous avons fait apparaître les canaux à privilégier. Mais, *in fine*, c'est le client qui fait le choix de ses canaux prioritaires. L'entreprise ne peut que préconiser ou inciter certains clients peu rentables (représentant un coût) à utiliser, de préférence, les canaux moins onéreux à gérer.

Une saine gestion conduit à déterminer le coût d'utilisation de chaque transaction sur chaque canal et à définir une tarification en conséquence. La politique relationnelle consistera à appliquer ce système de tarification de façon incitative pour le client. Rien n'interdit d'offrir ses services à quelques « bons clients » ; certaines banques, certaines compagnies aériennes, certains tours opérateurs appliquent des tarifs différents suivant les canaux, selon que la transaction est automatisée ou qu'elle requiert plus de services.

Cela a du sens pour le client de payer plus cher une transaction, dès lors qu'il y perçoit plus de services. Le contre-exemple est celui de banques où les visites en agence sont gratuites mais les accès internet payants. Leur dilemme insoluble est que ce sont les clients qu'elles voudraient faire venir en agence qui sont attirés par internet.

On retrouve ici un **lieu d'application privilégié du deuxième levier de « valeur client »** ou « Optimiser la rentabilité de l'entreprise en personnalisant la relation client ».

La logique de rentabilité trouve néanmoins ses limites dès lors que seuls les éléments tangibles de la rentabilité sont pris en compte.

Imaginez...

Un dispositif de relation client axé sur le téléphone qui appliquerait la logique de rentabilité auprès de trois segments de clients :

Le client rentable (premier segment) voit son appel dirigé vers une file d'attente prioritaire et les coûts de communication sont pris en charge par l'entreprise ;

Le client normal (second segment) voit son appel dirigé vers une file d'attente normale et les coûts de communication sont à sa charge ;

Le client non rentable (troisième segment) voit son appel dirigé vers un serveur vocal qui lui fournit quelques conseils électroniques avant de lui permettre de se diriger sur une file d'attente non prioritaire, rallongeant ainsi la durée de communication à sa charge.

À la simple lecture de cet exposé, on comprend qu'un mode relationnel directif imposé aux clients pour une gestion optimum de la rentabilité est un exemple de mauvais multicanal. Il est en effet voué à l'échec car il ne tient pas compte des aspirations des clients et de leur perception du sens de la relation (proposée ici de façon directive). En l'occurrence, plutôt qu'une relation directive perçue comme « tout ou rien » par le client, **il eût été préférable d'encadrer la relation et d'en préserver le sens, en opérant, par exemple, sur le segment des clients normaux en ne faisant pas payer les premiers appels.**

Synthèse

Les objectifs de la gestion des points de contacts sont de :
- Rendre cohérentes et disponibles les informations, du point de vue du client et de sa situation ;
- Structurer l'organisation en fonction de la valeur et de l'origine des contacts, notamment pour capter des informations, enrichir la connaissance client et la diffuser dans l'entreprise.

Le levier 3 « multicanal » permet de répondre à deux enjeux majeurs du CRM :
- Parvenir à valoriser les points de contacts (ceux qui sont maîtrisés comme ceux qui sont habituellement cachés et où rien n'est réellement maîtrisé ou défini) ;
- Garantir la cohérence de la relation multicanal du point de vue du client et de sa situation.

Les Services Financiers de La Poste (entreprise présentée en détail avec le premier levier « connaissance client ») sont, de fait et depuis longtemps, un modèle de multicanal. En effet, vous pouvez aussi bien effectuer vos opérations bancaires au guichet d'un bureau de poste qu'opérer à distance : soit par un courrier adressé à un centre de traitement, soit par téléphone où vous êtes accueilli par une équipe dédiée.

Mais la liaison entre ces deux canaux physiques et distants n'a pas encore toute la fluidité souhaitée. Le minitel puis internet ont rendu plus complexe et réellement multicanal le mode relationnel de l'établissement. D'où les projets importants (en cours d'exécution) de rénovation du mode relationnel multicanal.

Au sein de l'entreprise **Lexmark** (présentée en détail avec le deuxième levier « valeur client ») le multicanal a été utilisé comme effet de levier pour transformer l'entreprise. Le lecteur comprendra ainsi tout l'intérêt du multicanal pour des entreprises qui passent d'un stade artisanal à un stade plus industriel, souhaitant ainsi s'assurer une meilleure présence et offrir une meilleure réponse à tous les clients référencés par segments.

Lafarge Mortiers (présentée en détail avec le quatrième levier « organisation et culture ») représente un cas intéressant du fait de son mode de distribution. En utilisant un réseau de distributeurs, l'entreprise éprouve beaucoup de difficultés à connaître ses clients « indirects » qui sont, en réalité, ceux des distributeurs. En effet, à titre d'exemple, la faculté de mettre à disposition des conseils ou des formations (au moyen du canal internet ou d'un centre d'appels) démontre l'apport d'une relation multicanal bien maîtrisée et ciblée.

Peugeot (présenté en détail dans la troisième partie). Dans un premier temps, lors de la création du mode de relation direct entre la marque et ses clients, il a fallu imaginer toutes les opportunités de contact entre un client et la marque, quel que soit le canal. Puis, un constat a été établi, correspondant à ce qui était (de fait) déjà traité d'une manière ou d'une autre dans le réseau ou par des prestataires. Ce n'est qu'ensuite qu'il a été possible d'assurer la cohérence du service rendu aux clients en utilisant les différents intervenants dont la marque elle-même.

Dans ce cas particulier, nous avons constaté que les points de contacts essentiels étaient gérés et que l'effort devait principalement porter sur l'échange d'informations en interne, entre les différents acteurs concernés.

La transversalité de la connaissance, la mise à disposition des données et leur enrichissement, reste une difficulté majeure des projets CRM.

La pratique chez Rhodia EP

>>>>>

INTÉRÊT POUR LE LECTEUR

Le lecteur trouvera ici **un exemple étonnant,** par sa rapidité de mise en œuvre et par l'obtention quasi immédiate de résultats, **de la transformation d'un mode de distribution traditionnel** par forces de ventes en un mode de distribution multicanal.

L'exemple illustre également **comment une entreprise industrielle peut exploiter les moyens distants** – téléphone et *web* – **au service d'un mode de distribution multicanal, global, cohérent et aux coûts optimisés.**

L'illustration du troisième levier de « multicanal »

L'entité « EP » (Engeneering Plastics) du groupe Rhodia a reconstitué ses marges et a développé sa croissance à partir de deux actions majeures.

La première a été un exercice de segmentation des clients et de connaissance des marges par client.

La deuxième est la conséquence de la première : la mise en œuvre d'un mode relationnel multicanal adapté à ces segments de clients classés par potentiel.

Le multicanal mis en place comporte trois composantes principales :

– les forces de vente propres à Rhodia EP (limitées en nombre et destinées à quelques clients),

– le réseau de distribution,

– les moyens téléphone et internet/intranet.

Le contexte

>> Le groupe Rhodia

C'est un groupe dit de « Chimie de spécialités » qui regroupait, en 2000, 8 divisions et 16 entreprises.

L'activité industrielle du groupe est méconnue du grand public, puisqu'il fabrique des produits de base dont seuls les produits dérivés ont des marques connues du grand public, comme l'aspirine. Peu d'automobilistes savent que leur voiture intègre de nombreux composants de **Rhodia** : les pots catalytiques, par exemple, sont réalisés à partir des produits de la société **Terres Rares**.

>> Rhodia Engineering Plastics

La société **Engineering Plastics** (ou **EP** dans la suite de l'ouvrage) est « le » fabricant mondial de polyamide. Présente dans le monde entier, elle distribue des gros volumes de produit en direct à certains clients ou plus généralement à des distributeurs qui approvisionnent un nombre important de façonniers.

EP connaît plus ou moins ses clients finals utilisateurs de son polyamide, mais maîtrise mal la distribution. Celle-ci correspond à ce qui part de ses usines pour arriver au produit fini chez le client final.

Typiquement, **EP** livre un distributeur qui va alimenter un façonnier, lequel va livrer un produit fini à un constructeur automobile. Et vous allez être l'utilisateur de l'automobile dans laquelle il y aura les composants **EP**.

Le façonnier achète a priori le polyamide le moins cher et ne se fournit chez **Rhodia** que s'il a une bonne raison de le faire : ce peut être effectivement le prix, ce peut être une caractéristique particulière du produit (susceptible de faciliter la mise en œuvre pour le façonnier) ou encore une caractéristique intéressante pour le constructeur. Dans ce dernier cas, c'est le cahier des charges du constructeur qui stipulera l'origine obligatoire **EP**.

On perçoit le rôle important de « l'influenceur », en l'occurrence le constructeur automobile.

Le secteur automobile restera un grand utilisateur du polyamide produit par EP à condition que l'entreprise ne cesse d'apporter de la valeur ajoutée, conformément aux objectifs des constructeurs automobiles : innovation dans les produits (diminution du poids, voiture recyclable…) et dans leur mise en œuvre, recherche continue d'abaissement des coûts.

Une illustration en matière d'innovation

Il s'agit de la transformation du couvre culasse qui était une pièce complexe à réaliser lorsqu'elle était en fonte et qui est devenue une pièce simple, évolutive et bon marché, dès lors qu'elle a été produite en polyamide. Mais cela n'a été possible que lorsque les équipes de **Rhodia** ont mis au point un joint silicone rendant étanche et fiable dans le temps la liaison culasse et couvre culasse. **Rhodia** a ainsi pu construire un véritable avantage concurrentiel en associant les compétences de deux sociétés du groupe.

L'élément déclenchant

>> La transformation du système d'information

Le monde de la chimie, regroupé autour de quatre à cinq grandes multinationales, s'est équipé, comme la plupart des grandes entreprises du monde de l'industrie, de systèmes de gestion de leur activité. **SAP** équipe les groupes industriels de la chimie ainsi que leurs grands clients industriels.

Dans un univers où les échanges clients fournisseurs sont réalisés autour de **SAP**, si l'on ne bénéficie pas d'un système de gestion performant, on ne peut échapper au déploiement de son nouveau système sous **SAP**.

En 2000, le moment était favorable pour que le groupe **Rhodia** fasse évoluer son système d'information. C'est dans ce contexte de recherche d'un système de gestion performant et mondial que la firme a décidé de s'équiper de l'outil **SAP** pour chacune de ses entités.

Les gains (attendus à terme) d'une installation **SAP** sont connus ; l'ampleur de l'investissement à consentir et la durée de la période perturbée sont également connues. Forte de ces expériences du marché, l'enjeu pour l'équipe **Rhodia** en charge du projet est d'optimiser ces gains : d'une part en préparant cette mutation, d'autre part en travaillant sur des bénéfices supplémentaires notamment à court terme.

Procédant plus tard (sur le marché) à la mise en place d'un système d'information plus performant, il était logique que **Rhodia**, bénéficiant de la courbe d'expérience de ce même marché et surtout de nouveaux avantages, rattrape son retard, voire devance ses concurrents dans certains domaines.

L'un de ces avantages concurrentiels consiste à faire passer **Rhodia** d'un groupe d'entreprises orientées produits à un groupe d'entreprises orientées clients. En conséquence, chaque entreprise a une bonne connaissance de ses clients et le groupe peut avoir une vision globale transverse des clients du groupe au travers des clients des différentes sociétés le constituant.

Au début de la mission, on rapportait qu'un constructeur automobile travaillait avec quatre entités différentes du groupe (**Silicones, EP, Terres Rares, HPCII**) et que le président de ce constructeur mentionnait le CA important qui était réalisé avec le groupe **Rhodia** dans son ensemble.

En l'absence d'indicateurs de rentabilité suffisamment fins par entité et pour son groupe, le président de **Rhodia** n'était pas en position de force pour négocier face à son client qui en savait plus que lui (disposant d'un reporting fin et consolidé).

Marketing et ventes orientés client

Le premier enjeu a été de faire prendre conscience à tous les acteurs du groupe **Rhodia** de l'importance des gains liés à une approche « marketing et ventes » novatrice.

Cette approche a concerné différents secteurs :
La connaissance des clients et du réseau de distribution, clients directs et indirects ;
La connaissance des rentabilités par clients ;
L'affectation des forces de ventes, en fonction d'objectifs de services aux clients ;
Le déploiement de la transversalité groupe en regard des clients, dont plusieurs entités du groupe sont les fournisseurs ;
L'adéquation d'une approche « multicanal » aux attentes des clients (l'analyse du triptyque produits/services ==> canal ==> client permet de bâtir un mode relationnel plus économique pour un service rendu équivalent) ;
Déclinaison des indicateurs de gestion du groupe et de chaque société le constituant, en définissant les éléments intangibles ou non négociables : concernant les fonds propres, la rentabilité ou la recherche, par exemple.

À propos de l'adéquation d'une approche « multicanal » : en recherchant tout ce qui pouvait être automatisé dans la relation client (en particulier en utilisant internet), il a été possible de redonner 30 % de temps disponible aux forces commerciales ; la réaffectation des commerciaux sur des comptes, en fonction de la valeur de ces comptes et des compétences spécifiques des commerciaux, a eu un impact direct sur le développement du CA et la progression de la marge de **EP**.

Les enjeux

>> Les enjeux pour le groupe

Il s'agissait de :
- **Conforter sa place** parmi les *leaders* de la profession ;
- **Améliorer sa productivité** et devenir plus attractif en Bourse ;
- **Connaître ses marges et sa liberté de manœuvre** dans tous les secteurs où opèrent ses sociétés ;

- **Parfaire sa connaissance de ses clients directs et indirects** (clients finals), pour rendre son mode de distribution plus performant.

La réponse à ces enjeux dépendra de la qualité et de la rapidité de la mise en œuvre de **SAP**, au travers de **six chantiers complémentaires, menés en parallèle** :

- finance et comptabilité,
- gestion globale de la *supply chain*,
- gestion de processus,
- marketing et ventes,
- achat,
- maintenance.

Le chantier marketing et ventes *marketing and sales* est novateur : c'est l'une des premières fois qu'une grande mission SAP fait un « **focus** » **sur la relation client**.

Cela déroge aux chantiers habituels de transformation du système d'information existant par amélioration des processus existants (souci de simplification et d'abaissement des coûts), sans systématiquement :

- Rendre les processus relationnels ;
- Rechercher et valoriser les processus transverses ;
- Rechercher la rentabilité par client et non plus seulement par produit.

>> Les enjeux pour Rhodia EP

Les enjeux, pour la société **EP**, sont ceux de son groupe, mais, du fait de sa spécificité de producteur en grande masse du matériau polyamide, une priorité sera donnée à la connaissance de la rentabilité des clients directs et indirects et au redéploiement de son mode de distribution en conséquence.

La démarche de transformation

Nous allons présenter la démarche suivie par **EP**, décrire la constitution des cibles clients visées et indiquer comment cette nouvelle organisation a été mise en place à partir de l'analyse de processus et le déploiement de processus relationnels.

>> Le calendrier

En décembre 2000

Inventaire : qui sont les clients ? qui distribue et comment ?
Connaissance client et segmentation.
Rentabilité et valeur client.
Traitement de la distribution : quels distributeurs ? Quel multicanal ? Quelles forces commerciales ?

Janvier 2001

Les impacts sur l'organisation.
Les échanges avec les US : la mondialisation des concepts et des processus.

Février 2001

Mise en commun et décisions.
Tests effectués sur certains clients.

Mars et avril 2001

Travail sur l'ensemble des processus avec, pour objectif, l'optimisation des gains pour **EP**, en rendant relationnels tous les processus possibles.

>> Segmentation client

Chaque client a été analysé et évalué sur les critères de chiffre d'affaires, de marge et de potentiel.

L'analyse de ses attentes, en termes de produits et services, a permis d'ajuster l'effort commercial nécessaire (nombre de visites, compétences techniques nécessaires, poids de l'après-vente). La capacité ou la volonté des clients de bâtir une « automatisation partagée et raisonnée » du mode relationnel a permis de déboucher sur certaines automatisations dont le but essentiel, comme nous l'avons indiqué ci avant, était de rendre du temps disponible aux forces commerciales :

- **Automatisation totale de certains processus** : par exemple la facturation, la commande de renouvellement d'un produit ;
- **Relation via internet** de type questions/réponses ou accès à des modules de formation ;
- **Relation via un centre de contacts clients** pour certaines actions : la commande, la réclamation, l'information de mise en œuvre, l'information technique, l'information générale ;
- **Relation avec un service commercial** ou avec des commerciaux dédiés.

Les analyses ont conduit à classer les clients en 4 groupes.

LA CLASSIFICATION DES CLIENTS, CHEZ RHODIA EP

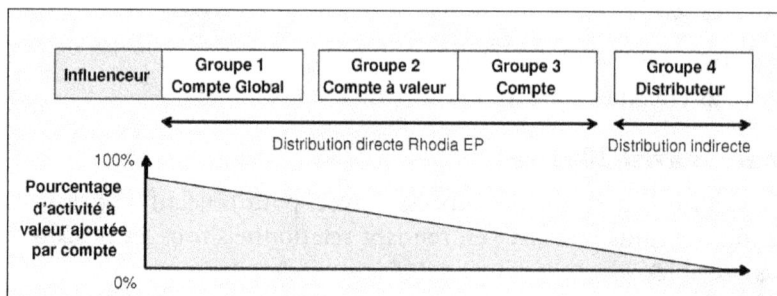

Le groupe 1 « compte global »

Il est constitué des quelques gros clients mondiaux pour lesquels il est nécessaire d'avoir une approche et une connaissance globales.

Vue globale, facturation globale, même qualité de production en tout point du monde, unicité de services, ce sont certaines des attentes de ces comptes globaux.

À chaque compte global est attaché un commercial.

Le groupe 2 « compte à valeur »

Ce sont les comptes stratégiques en termes de potentiel. Nous avons défini les critères représentatifs d'un « potentiel » pour **EP**.

Parmi ces critères, il y a la valeur en termes de contribution à la marge **EP**, il y a le volume, il y a des critères de pérennité dans le temps associés à l'innovation, au co-développement de recherches, à des formations conjointes.

Ces comptes bénéficient de forces de ventes dédiées.

Les ressources commerciales ont été réaffectées.

Chaque commercial s'est vu attribuer 1 à 10 comptes à valeur.

Le groupe 3 « compte »

Sont regroupés tous les clients directs (traités directement par **EP**) et tous les clients non stratégiques ; les comptes stratégiques correspondant à l'ensemble des comptes globaux et à valeur.

Les assistances commerciales et les plateformes téléphoniques sont les principaux liens relationnels entre l'entreprise et ces comptes.

Les commerciaux auxquels ont été affectés certains de ces comptes ont pour objectif de les faire passer du groupe 3 au groupe 2.

Le groupe 4 « compte de distributeur »

Il est constitué de toutes les entreprises qui ne sont pas servies par **EP** en direct.

Le réseau de distribution est le client direct d'**EP** ; ces comptes sont des clients indirects, connus ou non de **EP**.

Pour mettre en place une relation « multicanal » indirecte maîtri- sée **Rhodia EP** a mis en place un dispositif distinguant :

• Les façonniers, clients des distributeurs ;

• Les « influenceurs » dont les façonniers sont les fournisseurs.

Un constructeur automobile est un « influenceur » : il pourra exiger de ses façonniers d'utiliser le polyamide Rhodia. Il pourra souhaiter utiliser le dernier produit sorti de la gamme EP dans une de ses fabrications, afin d'être plus compétitif.

Le rôle de ces « influenceurs » est déterminant ; des forces commerciales leur ont été dédiées avec un rôle de prescription (et pas de vente) : information sur les caractéristiques et les spécificités des produits EP.

C'est avec ces « influenceurs », qu'EP développe une recherche conjointe sur de nouveaux produits, sur de nouvelles applications.

La recherche et l'innovation sont à la base d'une étroite collaboration pérenne entre EP et ses « clients indirects ».

Les actions directement dépendantes de cette segmentation :

• Gestion de l'entreprise et suivi de tableaux de bord en fonction de ces 4 groupes ;

• Affectation des compétences des forces de ventes en conséquence et utilisation de canaux multiples (comme on le verra ci-après), en vue de réduire les coûts de gestion.

L'enjeu de la gestion devient donc de minimiser le groupe 3 « compte ».

Ou bien on peut faire progresser ces comptes en accroissant leur valeur (plus de CA et plus de services) et les faire intégrer le groupe 2 où ils bénéficieront de forces de vente dédiées, ou bien la marge stagne et il y a peu d'espoir d'évolution et selon les cas ces comptes seront traités par la distribution (groupe 4).

Un distributeur est plus adapté à fournir de plus petits volumes ou des prestations simplifiées.

>> Le nouveau mode relationnel multicanal

Dans ces conditions, après avoir étudié les attentes de chacun de ces groupes de clients, **Rhodia EP** a organisé un nouveau mode relationnel multicanal :

LA RELATION MULTICANAL SELON RHODIA EP

	Force commerciale dédiée	Structure commerciale ouverte	Web	Web dédié EDI	Centre d'appels	Distributeur
Groupe 1 : compte global	X		X	XX	X	
Groupe 2 : compte à valeur	XX		X	XX	X	
Groupe 3 : compte	X		XX		XX	
Groupe 4 : compte de distribution			XX			X
Influenceur	X		X		X	

Les « **comptes globaux** » sont traités par des commerciaux dédiés, par le *web* (*extranet* pour l'EDI, un internet dédié et un internet global) et par les centres d'appels.

Les « **comptes à valeur** » sont traités comme les « comptes globaux ».

Les « **comptes** » sont en priorité traités par les centres d'appels et disposent d'un internet dédié ; il peut y avoir des forces commerciales dédiées en fonction de leur potentiel à passer en « comptes à valeur ».

Les « **comptes de distribution** » sont traités par leurs distributeurs. Ils peuvent appeler la plateforme téléphonique et ils ont accès à l'information générale du serveur internet global.

Enfin, les fonctions sur le centre d'appels et sur internet dédiées aux distributeurs, aux façonniers et aux « influenceurs » ont été spécifiées.

MISE EN ŒUVRE DU NOUVEAU MODE RELATIONNEL DE RHODIA EP

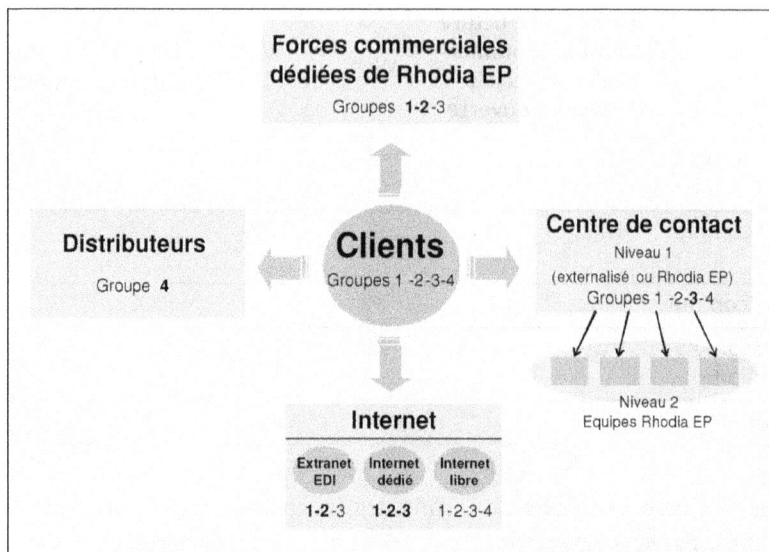

Pour chaque canal, les groupes de clients qui utilisent le canal, de manière privilégiée, sont indiqués en gras.

>> La réaffectation des forces commerciales

Différentes priorités de développement commercial ont été définies par groupes de clients en distinguant le produit, les applications, les services et les débouchés sur de nouveaux marchés.

LE TABLEAU DE LA RÉAFFECTATION

	Compte global	Compte à valeur	Compte	Compte de Distribution	Influenceurs
Produit	X	XX	X		X
Applications	X	XX			XX
Services	XX	X		XX	
Nouveaux marchés			X		X

Un façonnier peut avoir besoin de services afin de répondre à un constructeur automobile

Un constructeur automobile peut rechercher de nouveaux produits ou de nouvelles applications

>> Mise en place de la nouvelle organisation

Cette segmentation associée à une analyse de la valeur des clients a été relayée par une déclinaison de l'ensemble des processus relationnels **EP <==> clients**. Les processus majeurs sont analysés à la lumière des principes CRM.

Concrètement la mise en place a consisté à :

Recenser des processus existants de marketing et ventes en Europe et aux USA ;

Animer des groupes de travail mixte Europe/USA pour améliorer les processus existants et les rendre relationnels ; cet important travail a duré 2 mois, effectué par 6 collaborateurs dédiés a permis de valider, avec les utilisateurs de **EP**, les processus attendus dans le nouveau dispositif ;

Analyser les impacts sur l'organisation et en particulier sur l'organisation des forces de vente dédiées et focalisées suivant les comptes et les « influenceurs » ;

Obtenir la validation des utilisateurs en Europe et aux USA ;

Préparer des spécifications fonctionnelles nécessaires au développement du système d'information sous SAP.

Les résultats

>> Une nouvelle distribution

La nouvelle organisation traite ses clients suivant cette nouvelle répartition :

Comptes globaux	Environ 10
Comptes à valeur	Environ 30
Comptes	Environ 900
Comptes de distribution	Environ 3 000
Distributeur	1
Influenceurs	Plusieurs

>> Un nouveau modèle de gestion de l'entreprise

Le modèle qui a été développé dans **Rhodia EP** va devenir le modèle de référence dans **Rhodia**.

Il s'appuie essentiellement sur un **système optimisé de distribution et sur un système d'information intégré.** Le redéploiement et les bons résultats d'**EP** s'appuient sur ces deux systèmes, dans la mesure où ils répondent aux objectifs suivants :

• Maîtrise de la logistique ;

• Connaissance et gestion du portefeuille de clients ;

• Maîtrise des coûts ;

• Réactivité sur le marché.

En effet, il était devenu indispensable de définir un nouveau mode de distribution (trop de distributeurs de toutes tailles, pour tous types de clients et empêchant toute maîtrise de la qualité et des coûts) et d'assurer une logistique irréprochable.

La connaissance des coûts (méthode ABC) liée à la maîtrise de la distribution fortement rationalisée a conduit très rapidement à définir des priorités.

Quels clients traiter avec quelles forces de ventes et avec quels outils ?

Il devient alors possible d'orienter les efforts et d'optimiser les ressources à affecter. De plus cela agit directement sur l'orientation des stratégies à venir.

L'optimisation de la base clients donc de la « connaissance client » conduit même à accroître la performance de l'activité de recherche. L'intimité avec les clients peut faciliter l'anticipation des besoins et aider à la définition des solutions d'excellence à trouver.

Ce qui est particulièrement important, c'est que le nouveau mode de travail et de relation client s'inscrive dans la culture de l'entreprise et qu'il soit suivi. **Dans ce dessein, une série d'indicateurs ont été construits à partir de l'outil *Hyperion*.**

Ils rendent compte :

• De la **qualité** de la *supply chain* ;

- Du **suivi des livraisons chez les grands clients** (chez qui **EP** livre directement) ;
- Des **performances en général** (*pricing*, livraison, pénétration des nouveaux produits chez les clients).

Tous ces indicateurs alimentent non seulement les comités de direction, mais sont utilisés par l'ensemble des collaborateurs.

Cette transformation est le résultat de trois facteurs :

- La volonté de faire évoluer ;
- Le développement des outils nécessaires au déploiement de ce nouveau mode de gestion ;
- La mise en place d'éléments de contrôle.

Il est indispensable de disposer d'un tableau de bord de gestion dynamique représentatif des réalités et permettant d'être réactif.

Chapitre 4
L'organisation et la culture

Comment les faire évoluer ?

Dans ce chapitre, nous voulons montrer l'importance de ce que l'on appelle désormais communément « **la conduite du changement** ».

Bon nombre de projets CRM n'ont pas abouti car ils se sont heurtés à l'organisation de l'entreprise ; ils ont bousculé les hommes habitués à travailler selon la culture et les processus de l'entreprise et n'ont pas su les préparer à ce changement.

On ne met pas un écran devant un collaborateur avec l'ambition de le faire travailler différemment, si de lui-même, ce collaborateur n'a pas été demandeur d'une aide technique (comme la disponibilité du dossier client), en vue d'améliorer son mode relationnel avec le client qu'il a l'habitude de suivre.

Pour illustrer la pratique du quatrième levier, nous présenterons l'expérience de **Lafarge Mortiers**.

Quatrième levier de la réussite du CRM : l'organisation et la culture

L'équilibre relationnel

Une entreprise vit avec une organisation propre et elle possède une culture qui la caractérise. Ses membres travaillent en réseau, utilisant des processus définis ou habituels, l'ensemble étant supporté par un système d'information qui s'appuie sur des technologies informatiques.

Cette organisation répond aux attentes des différents segments de clients auxquels sont proposés des produits et services par différents canaux.

C'est la stratégie relationnelle de l'entreprise supportée par une organisation marquée par sa culture.

LA STRATÉGIE RELATIONNELLE DE L'ENTREPRISE

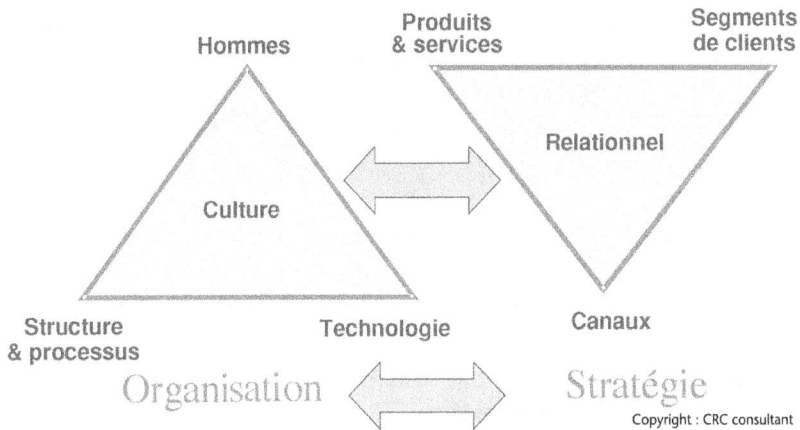

Cet ensemble de deux triangles est représentatif de l'équilibre de toute entreprise.

Dans le mode relationnel de la banque avec ses clients depuis l'après-guerre et jusqu'à la fin du xxe siècle, le canal traditionnel était l'agence et son chargé de clientèle.

L'offre produits/services proposée à ses clients par le chargé de clientèle était parfaitement maîtrisée, tant au plan des processus, que de l'ensemble des chaînes de traitements bancaires (gestion de comptes, gestion de prêts…).

Mais la perception transversale du client était l'œuvre du chargé de clientèle et non du système d'information et encore moins des systèmes informatiques.

L'arrivée du minitel, puis celle des centres d'appels ont assez peu perturbé le système établi : connaissance client à travers le chargé de clientèle et traitements différés de nuit.

C'est l'explosion d'internet et la possibilité d'avoir accès à ses comptes en tout lieu et à tout moment qui a révélé les déficiences du système d'information de la banque de détail.

Exemple

Lorsque vous gérez votre compte personnel, à tout moment et de façon distante, c'est vous seul (le client) qui avez la maîtrise de l'ensemble de vos produits bancaires. Votre chargé de clientèle n'a pas les moyens de suivre : absence d'information et de vue synthétique globale. Et le chargé de clientèle qui ne maîtrise plus la relation découvre la nécessité de mettre en place de nouveaux processus relationnels distants, ainsi que celle de redéfinir son rôle dans cet univers multicanal.

Cela implique que tous les groupes bancaires aient entrepris, après le double passage à l'an 2 000 et à l'euro, la refonte de leur système d'information avec une notion de « vue client » se substituant aux différentes « vues produit ».

Le monde bancaire n'est pas le seul à avoir pris conscience de cette nécessaire transformation. Bon nombre d'entreprises ont entrepris « leur évolution CRM », pensant que pour être orienté client, il suffisait d'adapter les systèmes informatiques.

Combien d'entreprises ont pensé apporter la bonne solution en mettant un poste client à la disposition de leurs collaborateurs en contact avec les clients de l'entreprise : un écran où toute l'information nécessaire serait immédiatement disponible et à partir duquel les opérations pourraient être traitées. **L'évolution consisterait à modifier l'organisation à partir de la technologie. Or, il n'est pas dans l'objet d'un ERP de définir une organisation, de nouveaux processus, le rôle des hommes et enfin le mode relationnel.**

Il est dommage de constater que la qualité incontestable de progiciels CRM tels que *Siebel* ou *Peoplesoft* ait pu être mise en cause, face aux investissements consentis importants et le peu de résultats obtenus. L'outil n'est en fait que très rarement (pour ne pas dire jamais) en cause, mais c'est bien de son bon ou mauvais usage que dépend la réussite.

Il s'agit bien de définir de façon prioritaire la nouvelle stratégie relationnelle de l'entreprise avant d'engager les investissements les plus lourds.

Quels clients veut-on servir, avec quels produits et services et par quels canaux ? Quand une réponse claire est adoptée par l'entreprise, on doit définir les nouveaux processus avec les usagers concernés. C'est alors que l'organisation modifiée de l'entreprise répondra à la stratégie relationnelle retenue.

Les outils ERP pourront être mis en place, bâtis sur les processus redéfinis et le succès sera au bout.

Beaucoup d'entreprises ont crû que le CRM s'installait à partir du progiciel, alors que le progiciel n'est qu'un moyen au service d'une organisation, en réponse à une nouvelle stratégie relationnelle.

ADOPTER LA BONNE STRATÉGIE

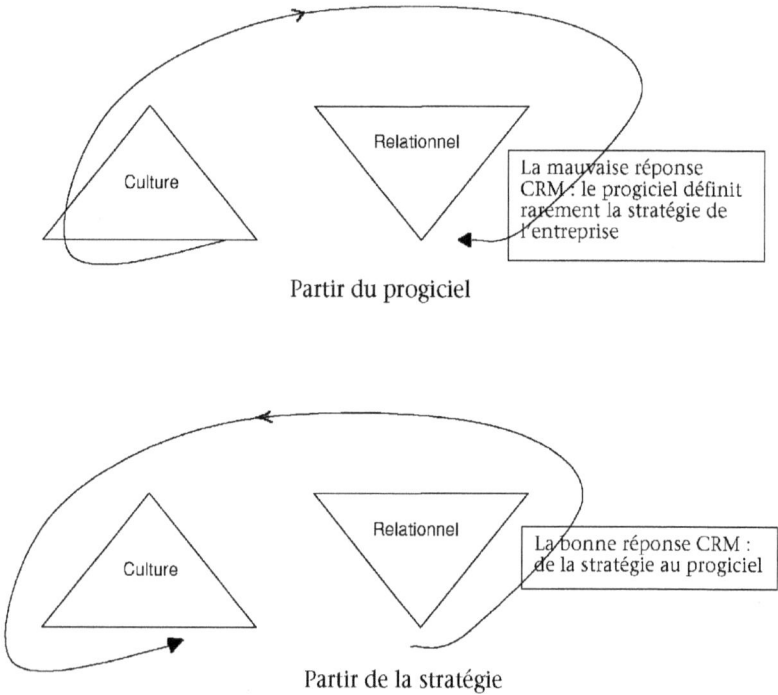

Partir du progiciel

Partir de la stratégie

Identifier les processus réels et non formels de relation client

À ce stade, il convient de souligner l'importance de construire la réflexion sur les processus réels et non sur les processus formels, afin de ne pas reproduire les échecs de certaines implémentations des ERP[1].

En effet, le danger lors de la mise en place trop rapide d'un ERP est d'imposer de nouveaux processus que l'on a pris soin d'étalonner à partir des processus formels connus, mais qui ne sont pas représentatifs de la réalité.

---

1. ERP (*Entreprise Resource Planning*) désigne les progiciels qui contribuent à l'automatisation de la gestion de certaines fonctions de l'entreprise comme la paie, les achats, la facturation...

Dans la plupart des entreprises, les collaborateurs compensent l'absence de processus définis ou leur inadéquation par une pratique connue de quelques initiés. Qui n'a pas entendu un jour : « *Je sais que mon chef pense que l'on fait comme cela, mais en réalité on fait autrement pour que ça marche.* » ?

Ce danger lors de l'implémentation des ERP existe aussi lors du développement de la relation client.

Aussi, un enjeu majeur de la mise en œuvre d'un nouveau mode de relation client est l'identification des processus réels qui supportent l'entreprise, car ce sont sur ces processus qu'il faudra s'appuyer dans les phases d'analyse, de conception et de déploiement.

En effet, le risque est grand de concevoir et de mettre en place un système qui ne serait qu'une régression par rapport au fonctionnement précédent. On peut même aller jusqu'à bloquer l'entreprise avec finalement 3 types de processus :

- Les processus formels affichés mais inutilisés car généralement inadaptés ;
- Les processus réels non officiellement connus, qui relèvent de pratiques usuelles et qui eux sont opérants ;
- Les nouveaux processus qui sont issus des processus formels avec un souci d'amélioration et d'optimisation et qui ont peu à voir avec les processus réels de type 2.

Dans l'obligation d'appliquer les nouveaux processus (les processus de type 3), il y a, de fait, régression par rapport au mode de fonctionnement précédent (les processus de type 2).

Lorsqu'il y a un décalage entre les processus formels et les processus réels, le risque est d'optimiser des processus non représentatifs de la réalité.

Les Services Financiers de La Poste (présentés en détail avec le premier levier « connnaissance client ») constituent une activité dont l'image tout autant que la culture est très forte. Même s'il s'agit d'une activité bancaire à part entière, elle est pour le client traitée par un postier. Dans la description détaillée ainsi que dans celle du levier 2 « valeur client », nous avons montré que les tests, les échanges internes et l'appropriation progressive constituaient des moyens d'évolution de la culture, donc de l'organisation. En conséquence, l'organisation est en phase avec la stratégie et notamment avec la stratégie relationnelle, dans ce type d'évolution.

Lexmark avait comme enjeu de faire évoluer la culture au point de passer d'un mode artisanal, issu de la création de l'entreprise, à un mode industriel. Le fait de s'appuyer sur l'attente des clients a constitué un élément moteur et fédérateur du changement, compte tenu du dynamisme de cette entreprise.

Rhodia EP, comme **Lexmark**, s'est focalisé sur le service à rendre au client et sur la rentabilité client, ce qui a été un élément facilitant le changement. Un industriel passe difficilement d'une culture produit à une culture client ; la tendance naturelle est plutôt de toujours faire mieux sur le produit et de préférence gratuitement, pour répondre aux exigences du client. Mais est-ce vraiment satisfaire le client ?

Pour ce qui concerne **Peugeot**, il faut prendre conscience que le déploiement d'une relation directe entre la marque et ses clients, chez un constructeur automobile organisé autour d'un réseau de concessionnaires, correspond à un choc culturel. Si l'opération fut réussie, cela tient à la réalité du mot partenariat dans la culture de l'entreprise. Le réseau devenant partenaire de la marque, il suffit d'un peu de temps, de persuasion, de tests et surtout de résultats probants pour montrer les avantages de travailler à deux lorsque l'on est complémentaire. La marque vient en support, aide le réseau et complète le service au client. La gestion du client dans la durée devient une réalité.

La pratique chez Lafarge Mortiers

>>>>>

INTÉRÊT POUR LE LECTEUR

Le lecteur trouvera un exemple représentatif de la réussite de l'évolution d'une organisation que bon nombre d'entreprises peuvent envier. En présence d'une entreprise à très forte culture (secteur du bâtiment à culture humaine et verbale), étant donné la nécessité de s'adapter aux marchés et aux clients, comment faire évoluer l'organisation en préservant la culture de l'entreprise ? Plus généralement, **comment favoriser la compétitivité et l'évolution dans une entreprise traditionnelle à forte culture ?**

L'illustration du quatrième levier
« organisation et culture »

Par cet exemple, nous allons montrer toute la préparation au changement au travers de la transformation des processus et de la mobilisation des collaborateurs de l'entreprise.

La nouvelle organisation rapproche les forces de ventes, l'administration des ventes et la logistique.

Ce cas illustre parfaitement l'évolution du mode relationnel d'une entreprise qui a su faire évoluer des processus et son organisation en étant à l'écoute de ses clients et de ses collaborateurs.

Le contexte

Lafarge Mortiers est l'un des spécialistes mondiaux de la conception, de la fabrication et de la distribution de mortiers prêts à l'emploi, destinés au bâtiment, aux travaux publics et au génie civil. La société est implantée dans 12 pays et possède 24 sites de production. Concrètement, **Lafarge Mortiers** produit :

- des enduits de façade (immeubles et maisons individuelles),
- des colles pour les sols et les murs (carrelage),
- des mortiers spéciaux pour la réparation des bétons, le scellement...

En France, l'entreprise est organisée en 4 pôles correspondants à ces 3 groupes produits/utilisateurs et un pôle « grand public » (produits d'image, à destination du grand public et décoration). **La répartition approximative du chiffre d'affaires** est la suivante :

* façade (50 %),
* colles et sols (30 %),
* mortiers spéciaux (20 %).

Le principal concurrent est le groupe Saint-Gobain et notamment sa filiale de production et de distribution **Weber et Broutin**. **La répartition approximative de la distribution est la suivante :**

* négoces généralistes (70 %),
* négoces spécialisés (10 %),
* grandes surfaces du bâtiment (10 %),
* vente en direct (10 %).

Lafarge Mortiers a donc, pour principal segment de client, les négoces généralistes.

Il apparaît que « les clients » de **Lafarge Mortiers** sont les négoces, mais l'entreprise connaît également les principaux utilisateurs, clients des négoces et donc « clients indirects » de **Lafarge Mortiers**.

Un autre acteur important est le prescripteur qui peut être :

L'architecte ou le bureau d'étude pour une façade d'immeuble ou de maison individuelle ;

Le service technique d'une mairie pour la préconisation de mortiers spéciaux ;

Un applicateur, déjà utilisateur des produits **Lafarge Mortiers**.

L'« ÉQUILIBRE » RELATIONNEL ENTRE LES ACTEURS

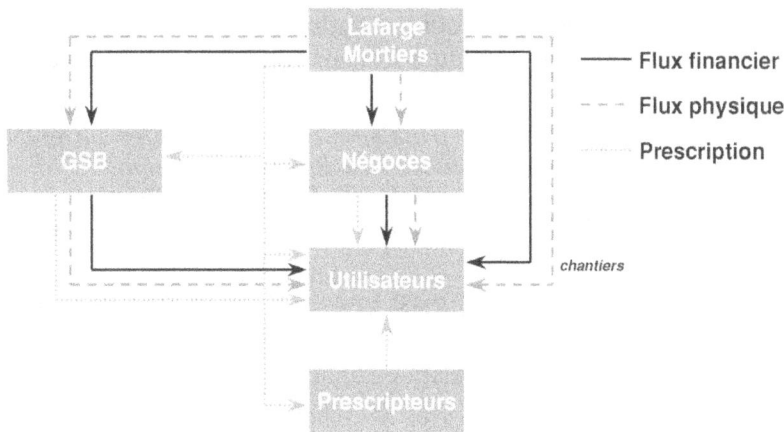

L'élément déclenchant et les enjeux

C'est dans ce contexte de distribution et d'évolution incertaines du bâtiment (stabilisation puis reprise de la construction de logements neufs collectifs, forte évolution de la construction individuelle et essor de la rénovation du « bâti ancien ») que **Lafarge Mortiers s'est interrogé sur son évolution.**

Quels avantages l'entreprise Lafarge Mortiers peut-elle retirer d'une gestion de la relation client plus « fine » ?

Cette question en sous-tend plusieurs autres :

Comment être plus proche des négoces ?

Comment connaître les clients indirects ?

Comment développer des relations avec les prescripteurs ?

Une question plus fondamentale encore concerne la rentabilité et la pérennité des clients tant directs qu'indirects.

L'organisation est-elle bien adaptée au marché ?

Doit-on rapprocher l'administration des ventes (ADV) de la logistique ?

Comment faire évoluer les forces de ventes et le réseau de distribution ?

Dans un environnement qui deviendra multicanal, comment anticiper dans le milieu du bâtiment le déploiement de l'e-business ?

L'entreprise ayant décidé de remplacer le système d'information existant (très performant mais non évolutif) par un nouveau SI développé autour du progiciel JDE (JD Edwards), l'évolution de l'organisation doit-elle être entreprise avant ou après cette migration du SI ?

C'est cette question que se pose toute entreprise cherchant à évoluer et à « coller » à son marché.

Quelle GRC (gestion de la relation client) :

• Pour plus de proximité avec les clients (directs, indirects, prescripteurs) ?

• Pour plus de partenariat avec le réseau de distribution ?

• Pour plus de services proposés aux clients ?

• Pour plus d'offres adaptées aux besoins des clients ?

Et par voie de conséquence, pour produire :

• Plus d'innovation par une meilleure connaissance client ;

• Plus de fidélité ;

• Plus de rentabilité.

La démarche de transformation

Lafarge Mortiers a adopté une démarche en 3 étapes sur 15 mois, entre septembre 2001 et janvier 2003, date de la mise en service du nouveau système d'information.

>> Préparation de la vision cible (octobre à décembre 2001)

À l'issue d'une période de travail et de réflexion de 3 mois, la direction de **Lafarge Mortiers** a défini sa « carte de transformation » à 3 ans : L'entreprise a exprimé où elle voulait se situer en termes de marché, de clients, de produits/services, comment elle voulait travailler et enfin, comment elle allait évoluer pour atteindre cet objectif.

À partir d'un constat (l'état actuel de la société), des voies d'amélioration recensées et de cette cible, un plan de transformation a été conçu.

Lafarge Mortiers a décidé d'appliquer cette démarche de transformation en travaillant sur la modification des processus majeurs « impactés », afin que le nouveau SI réponde aux nouveaux besoins exprimés.

Le résultat de cette réflexion sur la vision « cible » peut être résumé en 5 enjeux principaux :

Simplifier les processus de l'entreprise pour que le transfert du SI propriétaire vers le nouveau SI supporté par JDE s'opère dans les meilleures conditions ;

Mieux gérer la double relation avec les clients directs (négoces) et les clients indirects (applicateurs) ;

Améliorer la connaissance du client final afin de mieux répondre à ses attentes ;

Pratiquer un meilleur partage de l'information en interne et avec les clients et obtenir un meilleur accès à l'information client dans l'entreprise ;

Préparer l'avènement de l'*e-business*.

L'atteinte de ces objectifs repose sur 2 axes de changement :

L'adaptation d'un nouveau système d'information autour de JDE, d'un info centre et d'un système CRM à définir ;

L'amélioration des processus liés aux forces de vente, à l'administration des ventes (ADV) et à la logistique.

>> L'adaptation des processus (janvier à juin 2002)

L'enjeu pour Lafarge Mortiers est de créer de la valeur lors de la transformation de son SI.

La création de valeur est liée à 2 facteurs :

Rendre les processus relationnels ;

Rendre disponibles dans le SI les éléments d'information nécessaires à la connaissance et au suivi des clients. **Il est nécessaire de dépasser la simple adaptation des processus.**

L'ADAPTATION DES PROCESSUS

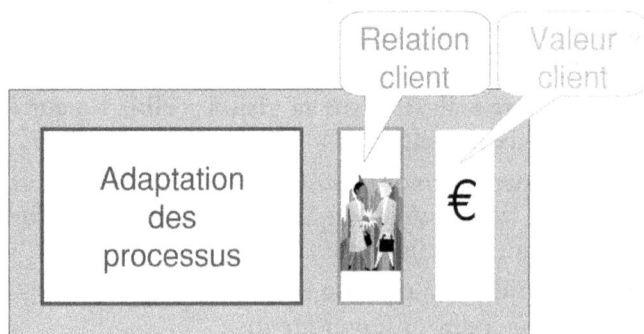

La relation client et la valeur client enrichissent les démarches d'urbanisation des métiers de l'entreprise et du système d'information.

La démarche d'adaptation des processus a consisté, en premier lieu, à établir une structuration de l'activité de l'entreprise en familles de processus, puis chaque processus a été analysé et revu en fonction des processus cibles. Ce travail a été effectué en ateliers par les collaborateurs de l'entreprise (environ 50 personnes mobilisées à temps partiel sur une période de 3 mois).

Pour être fructueuse en termes de résultats, plus facile à appréhender par les utilisateurs et pour être spontanément orientée client, la démarche d'analyse des processus a été conçue à partir du cycle de vie du client comme le montre le schéma ci-après.

L'ANALYSE DES PROCESSUS

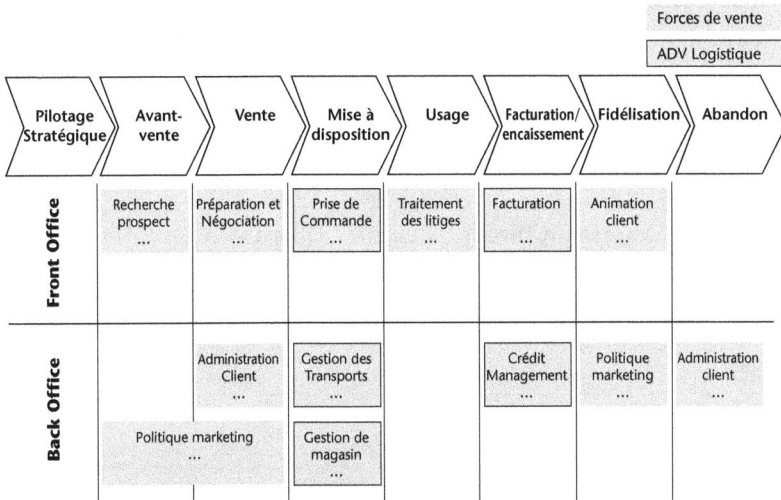

						Forces de vente
						ADV Logistique

| Pilotage Stratégique | Avant-vente | Vente | Mise à disposition | Usage | Facturation/ encaissement | Fidélisation | Abandon |

Front Office

| Recherche prospect ... | Préparation et Négociation ... | Prise de Commande ... | Traitement des litiges ... | Facturation ... | Animation client ... |

Back Office

| | Administration Client ... | Gestion des Transports ... | | Crédit Management ... | Politique marketing ... | Administration client ... |
| | Politique marketing ... | Gestion de magasin ... | | | | |

Les principaux processus de l'entreprise ont été situés tout au long du cycle de vie du client pour ce qui concerne les forces de ventes d'une part, l'administration des ventes (ADV) et la logistique d'autre part. Les processus de front office ont été distingués de ceux du back office.

L'intérêt d'une approche transverse liée au cycle de vie du client est la remise en cause de la vision verticale par services. Un groupe de travail rassemblant des collaborateurs de chaque fonction verticale produit presque spontanément les bons processus orientés clients.

C'est ainsi que l'on peut éviter les défenses de chapelles (ou de spécificités) qui n'ont qu'un intérêt historique.

Cette démarche est donc une démarche de terrain naturelle qu'il y a lieu de recommander.

Les ateliers sur les processus majeurs ont recensé des améliorations à apporter dans les domaines principaux suivants :

- Saisie et administration des commandes ;
- Préparation et négociation des prix ;
- Traitement des litiges ;
- Contrats primes de fin d'année (PFA) et commissions ;

- Prospection et prescription ;
- Politique marketing et commerciale.

Les résultats sont étonnants, puisque 106 améliorations ont été proposées par les groupes de travail, au regard des 5 objectifs retenus (cf. pages précédentes).

LE TABLEAU DES AMÉLIORATIONS

Domaines d'amélioration	Objectif 1	Objectif 2	Objectif 3	Objectif 4	Objectif 5	Total
Saisie et administration des commandes	8	0	3	4	1	16
Préparation et négociation des prix	5	5	8	7	2	27
Traitement des litiges	4	3	7	8	0	22
Contrat PFA/ commission	3	2	3	2	1	11
Prospection prescription	0	1	1	4	0	6
Politique marketing et commerciale	0	2	6	16	0	24
	20	13	28	41	4	106

Il est intéressant de noter qu'une démarche classique d'adaptation de SI aurait conduit à 20 améliorations (enjeu 1 : simplification du SI existant). La recherche des processus relationnels transverses et des sources de connaissance du client a permis d'en identifier 86 autres. Plus de 80 % des améliorations des processus concernent l'amélioration de la gestion de la relation client.

Cette démarche représente l'un des leviers d'exploitation du gisement de la connaissance client, décrit dans le principe 1.

La validation des processus transformés (juillet à décembre 2002, en parallèle avec le développement sous JDE)

Au fur et à mesure de leur modification ou de leur création, les processus ont été livrés à l'équipe de développement du nouveau SI sous JDE. **Le travail des équipes a été orienté en fonction de la valeur créée :**

Processus simple existant, porté sous JDE ;

Processus simple nouveau, développé sous JDE ;

Processus complété par la dimension relation client et/ou valeur client, développé sous JDE ;

Processus nouveau avec dimension relation client et/ou valeur client, développé en spécifique.

Pourquoi tester ces processus cibles alors qu'ils ont été créés par des équipes opérationnelles ?

Pour vérifier leur faisabilité et l'efficacité de l'amélioration qu'ils comportent. Seule une mise en situation réelle permet de mesurer dans le détail tous les efforts du changement de processus.

Pour préparer l'entreprise à la gestion du changement. Le déploiement du nouveau système d'information et des nouveaux processus dans les 9 mois à venir constitue un chantier important à gérer. Si l'on veut tirer tous les bénéfices des changements de processus, il faut commencer dès la définition des nouveaux processus à les rendre opérants. L'effet tunnel de la mise en place est ainsi gommé et les équipes utilisatrices, qui ont participé à la création du nouveau mode relationnel, n'ont plus à s'approprier un système (qui leur semblerait imposé dans le cas d'un mode classique de développement de nouveaux SI).

C'est dans cet esprit qu'a été mise en place, de juillet à décembre 2002, une série de tests de validation dans une région.

Parmi les tests sur lesquels certaines équipes de la région choisie ont travaillé citons :

- La saisie des réclamations par les technico-commerciaux et le service client ;
- La capture d'informations sur le client indirect lors de la prise de commande ;
- La capture des défaillances clients ;
- Le rappel des promotions en cours par le service client ;
- Une *check-list* de prise de commandes plus complète ;
- L'assistance à l'informatisation des technico-commerciaux.

L'objectif de ces tests était de faire travailler les équipes dans les conditions supposées du nouveau SI. Par exemple, le service client devait bénéficier d'informations à l'écran, il a testé un mode de réaction en fonction de cette information (qu'il a collectée par papier ou par téléphone pendant cette phase de test). Ce travail est important (et s'ajoute à celui d'équipes déjà bien « chargées »), mais il constitue l'un des moyens de fédérer des équipes sur un nouveau mode de travail.

Plusieurs dizaines de personnes ont collaboré à ces tests sur la période de 6 mois. Chaque semaine, les résultats obtenus étaient relevés, analysés et intégrés (ou non, ou à terme) dans les travaux de déploiement du SI.

Les résultats

Des processus relationnels

Rappelons l'apport de 80 % des améliorations portant sur la gestion de la relation client évalué au paragraphe précédent.

Une mise en œuvre exemplaire

Pour les collaborateurs, le *big bang* du nouveau SI au 1er janvier 2003 n'a pas été un problème puisque, pendant l'année le précédant, ils avaient accompagné et forgé leur nouvel outil de travail.

L'ensemble de l'opération décrite (réflexion sur les processus, développement sous JDE et tests) a été mené dans le courant de l'année 2002, pour un lancement opérationnel au 1er janvier 2003. Il s'agit d'une performance pour ce type de projet.

Des clients satisfaits

La bascule a été réalisée sans que les clients s'en aperçoivent et cela malgré l'importance du changement de SI ; le niveau de perfectionnement du précédent système d'information rendait d'autant plus délicat le lancement du nouveau SI. Ce dernier devait, en effet, dès le démarrage, présenter un niveau élevé de performance.

Des forces commerciales plus percutantes

Un premier impact fort a été constaté auprès de la moitié des forces de ventes. Celles-ci étaient préparées à exploiter les nouvelles ressources du système en lien avec le nouveau mode relationnel qui vise à plus de proximité du client et plus de réactivité.

Des outils de *reporting* et de pilotage

Un objectif a été de mettre à profit le développement du nouveau SI pour affiner certains indicateurs et notamment ceux qui sont relatifs à la connaissance des clients.

On a recherché, par exemple, à enrichir les informations (sur les clients et les contrats en cours) à la disposition des collaborateurs (et plus particulièrement ceux des forces de ventes).

Afin de poursuivre la dynamique née au moment de la création de groupes de travail associant de façon transverse les différentes fonctions de l'entreprise, des téléconférences d'échanges ont lieu (bimensuelles au début, elles sont devenues mensuelles après les 6 premiers mois) et une trentaine de personnes apportent leur contribution.

Elles constituent une prodigieuse force d'enrichissement et de motivation.

Mais beaucoup de choses ont été difficiles à mettre en place et toutes les informations n'ont pas été disponibles rapidement.

Vers une nouvelle organisation

La réflexion stratégique préalable, suivie d'une année de travail sur les processus et de tests de validation, a conduit naturellement à une autre organisation, plus tournée vers le client. Dans cette évolution, les forces de ventes, l'administration des ventes et la logistique ont été rapprochées tant physiquement qu'en raison des processus.

Quelques enseignements relatifs à ce grand chantier de transformation

Un grand travail d'analyse et de recherche de la simplification a été mené. Mais le système d'information existant était particulièrement évolué et sophistiqué ; il était extrêmement important de ne pas régresser.

Or, les logiciels ERP tels que JDE ne peuvent supporter toutes les fonctions spécifiques de tous les métiers.

Il est donc nécessaire de développer certaines parties en spécifique. Force est de constater que dans ce type de chantier, cette évaluation est très difficile. Les estimations peuvent varier de 1 à 5 (un développement spécifique à porter sous JDE a été évalué à 15 jours de développement, alors que 100 jours ont été nécessaires).

La richesse de l'existant est souvent mal appréciée. C'est ce qui peut faire croire, à tort, que les coûts de développement d'une opération CRM ne sont pas maîtrisés. Le sujet n'est pas le même.

Un cadrage stratégique avait présidé au lancement de cette opération, matérialisé par une carte de transformation qui identifie l'enchaînement de tous les projets dans toutes les fonctions de l'entreprise ; il s'agit de l'ensemble des projets qu'il est nécessaire de réaliser pour passer de l'état présent à la cible.

Une grande difficulté, face à la pression et à la complexité, est d'assurer la continuité dans les axes stratégiques initiaux.

Un risque important est constitué par la demande des utilisateurs qui, de façon naturelle, ont tendance à demander des aménagements ou des modifications qui ont, de fait, pour but de les ramener aux solutions précédentes qu'ils savaient maîtriser.

Il est donc indispensable de bien recentrer tout le monde sur les objectifs et d'obtenir l'effort nécessaire à l'évolution attendue.

Le risque est de passer à côté de la transformation et de ne pas obtenir les résultats définis dans la cible.

Plusieurs incidents sont venus perturber cette mise en œuvre, dont une défaillance de l'outil JDE qui n'a pas supporté la montée en charge. Il n'était pas adapté au traitement d'un si gros volume de factures, dans la version mise en œuvre pour le lancement.

Tout est rentré dans l'ordre avec beaucoup d'efforts mais sans perturbation apparente pour les clients.

La synthèse

Par rapport à l'enjeu qui était de faire évoluer l'organisation et la culture de l'entreprise, il y a eu des points positifs :

L'apport des groupes de travail tout au long du chantier (fédérer des équipes et comprendre les métiers des autres) ;

La **perception** partagée du potentiel du nouveau système d'information et la motivation des équipes pour partager et enrichir le SI ;

La très faible proportion de clients perturbés, comparée à d'autres entreprises ayant connu de telles évolutions ;

La formation des opérateurs (quoique encore insuffisante).

Quelques points ont été jugés négatifs.

Ne pas avoir conservé plusieurs mois après le lancement un « gardien du temple » était une erreur. Il est nécessaire que quelqu'un, dans l'entreprise, oblige à garder le cap et puisse témoigner des évolutions successives dans les phases de mise en place, afin de sécuriser tant les systèmes que les collaborateurs, souvent perdus entre leurs habitudes et les nouveaux enjeux.

Dans le souci d'assurer l'équilibre entre la simplification recherchée et la nécessité de développer des programmes spécifiques, **est-on allé au bout et avons-nous choisi les meilleures solutions ?**

La visibilité sur le projet : par exemple un processus a été sous-estimé dans sa complexité et des développements importants (mais non prévus) ont été nécessaires.

En conclusion, le sentiment de satisfaction qui prédomine est dû à la mise en place très rapide d'un outil élaboré et pris en charge par les collaborateurs. C'est cette performance qui est à l'origine de l'optimisation de la satisfaction des clients, grâce à une meilleure connaissance de leurs besoins.

Chapitre 5

La mise en œuvre et les enjeux technologiques

Après avoir présenté les quatre leviers de la réussite des projets CRM et avant de présenter une méthodologie de développement, il nous semble utile de consacrer un chapitre à ce qui fait la spécificité de ces projets : la diversité des mises en œuvre et le poids des enjeux technologiques.

La diversité des mises en œuvre

L'expérience montre que la mise en œuvre d'une nouvelle gestion de la relation client GRC est spécifique à chaque entreprise. **La réussite d'un projet CRM est conditionnée par la mise en action des quatre leviers que nous venons d'exposer. La croissance par la connaissance client. La rentabilité par la valeur client. L'optimisation du muticanal. L'évolution de l'organisation et de la culture. L'ordre dans lequel ces leviers sont actionnés et le délai de déploiement peuvent être extrêmement différents d'une entreprise à l'autre.**

CINQ EXEMPLES DE MISE EN ŒUVRE D'UNE NOUVELLE STRATÉGIE DE RELATION CLIENT

	Levier 1 Connaissance client *Croissance*	Levier 2 Valeur client *Rentabilité*	Levier 3 Multicanal *Points de contact*	Levier 4 Organisation et culture *Évolution*
Les Services Financiers de La Poste	3	4	1	2
Lexmark	3	1	4	2
Rhodia EP	3	1	2	4
Lafarge Mortiers	2	3	4	1
Peugeot	3	4	1	2

Nous indiquons, dans le tableau ci-dessus, l'ordre dans lequel la mise en œuvre a été effectuée dans le temps en commençant par le chiffre 1.

Chaque entreprise a eu pour ambition de réussir son projet de CRM de mise en œuvre d'un nouveau mode de relation client multicanal. Cela implique de devenir fort sur chaque levier.

Entre les phases 1 et 4, plusieurs années ont été nécessaires dans certains projets.

La mise en œuvre de la partie 4 n'est pas encore achevée dans toutes les entreprises.

Pour **les Services Financiers de La Poste**, l'enjeu est de réussir l'évolution de leur mode relationnel multicanal (1) et (2), qui est basé sur un système opérant fort et structuré autour des bureaux de poste, de conseillers et de plateformes téléphoniques.

Les Services Financiers de La Poste souhaitent être plus proches de leurs 28 millions de clients : les connaître, les atteindre et les servir par tous les canaux possibles et souhaités par les clients (3), de façon rentable (4).

Pour **Lexmark**, c'est une nouvelle segmentation des clients (1) qui a été pensée et qui n'a pu être initiée qu'en faisant évoluer l'organisation (2). L'approche était, de fait, structurante.

Les principes de connaissance (3) et du multicanal (4) sont venus appuyer cette démarche : l'évolution du système d'information, la création de bases de données clients, l'ouverture internet et le déploiement de solutions informatiques ont été réalisés selon cette nouvelle segmentation structurante.

Pour **Rhodia EP**, la priorité a été de définir des classes de clients en fonction de leur rentabilité et de l'aptitude de l'entreprise à les servir (1), puis de réaffecter immédiatement les forces de ventes en fonction de ces classes de clients et, en parallèle, de déployer un dispositif relationnel multicanal, venant se substituer au système de commerciaux existants (2). Il s'agit de nouveaux distributeurs, de centres d'appels pour certaines fonctions de l'entreprise et certains clients, un recours important à internet (commandes, informations, formation) et enfin, la création de centres de compétences.

Le troisième temps est celui de la connaissance client par l'enrichissement d'une base de données (3) : connaissance des clients indirects (par l'intermédiaire des nouveaux distributeurs et d'internet) et connaissance des clients par plus de professionnalisme et de proximité grâce à la nouvelle organisation multicanal.

L'évolution de l'organisation (4) s'est produite en parallèle des adaptations des forces de ventes, mais, de fait, elle a été réfléchie postérieurement.

Pour **Lafarge Mortiers**, c'est l'évolution de l'organisation (1) qui a été le fer de lance, à travers un questionnement pertinent.

Comment être plus proche du client ? Doit-on rapprocher l'Administration des Ventes (ADV) de la logistique ? Comment faire évoluer les forces de ventes et le réseau de distribution ? Comment connaître les clients indirects ? Comment mieux mesurer la rentabilité des clients ?

La connaissance des clients (2) puis la segmentation des clients (3) sont venues supporter la nouvelle organisation multicanal (4).

Pour **Peugeot**, l'enjeu était de connaître les clients et pour cela, la priorité était de définir un nouveau mode relationnel : la marque allait être en relation directe avec les clients finals. Le réseau de distribution qui était, jusqu'alors, seul en contact direct avec le client, devient partenaire de la marque dans la gestion de la relation client.

La priorité a donc été de définir de nouveaux processus relationnels (la marque avec les clients et avec le réseau) dans un environnement multicanal (1). Les sites internet de **Peugeot** sont nombreux, professionnels et parmi les plus visités des grandes entreprises.

L'objectif de connaissance des clients (3) ne peut être atteint que plusieurs années après avoir lancé le projet CRM, quand le multicanal et l'organisation deviennent opérants (2).

Le poids des enjeux technologiques[1]

Si nous avons mis l'accent sur les enjeux relationnels, les processus, l'organisation et la culture d'entreprise pour réussir un projet CRM et si nous conseillons de ne pas aborder un projet d'entreprise structurant par une voie progiciel ou exclusivement technologique, ce n'est pas pour autant que les enjeux technologiques ne sont pas importants ou pertinents.

Pour ce qui concerne la mise en œuvre d'un dispositif multicanal transverse de gestion de la relation client, il est essentiel que

---

1. Partie écrite en collaboration avec Damien Dirringer de l'entreprise CISCO.

l'équipe dirigeante de l'entreprise ait une bonne vision des opportunités offertes par la technologie et de la façon de les prendre en compte.

Le poids des technologies sur chacun des quatre leviers du succès

L'application du premier levier « **connaissance client** », rappelant l'importance de la capitalisation sur la connaissance client, est grandement facilitée par les nouveaux outils de consolidation des bases de données. En outre, une infrastructure réseau robuste facilitera le transfert d'informations entre les différents sites de la société.

L'application du second levier « **valeur client** » sur la segmentation client n'a pas de lien direct avec la technologie.

L'application du troisième levier « multicanal » a un rapport éminent avec la technologie employée. Il est nécessaire d'identifier tout d'abord les canaux qui doivent faire l'objet d'une gestion « processée », car tous ne le nécessitent pas. Ces canaux doivent ensuite être intégrés, pour augmenter l'efficacité de traitement ainsi que la qualité de la relation ; cette intégration peut être effectuée grâce à un *middleware* ou à une infrastructure de communication unifiée.

L'application du quatrième levier « **organisation et culture** » sur les équilibres dans l'entreprise dépend aussi de la constitution d'un socle technologique d'intégration et, notamment, d'une infrastructure de communication unifiée. En détendant le lien entre les infrastructures et les besoins fonctionnels, les responsables fonctionnels pourront travailler en bonne harmonie avec les responsables de l'implémentation.

Ainsi, une solution d'infrastructure de « communication convergée » permettra à la direction informatique de préparer le terrain sans contraindre directement la stratégie de la relation client.

L'implémentation qui suivra la définition fonctionnelle sera alors plus aisée. D'une part l'implémentation ne sera plus aussi structurante, d'autre part elle ne sera pas forcément sur le chemin critique du projet, puisque la plus grande partie du travail aura déjà été effectuée en amont.

L'impact des technologies sur les projets de CRM

LES GRANDES ÉTAPES DE L'ÉVOLUTION RÉCENTE DES TECHNOLOGIES ET LEUR IMPACT SUR LES PROJETS DE CRM

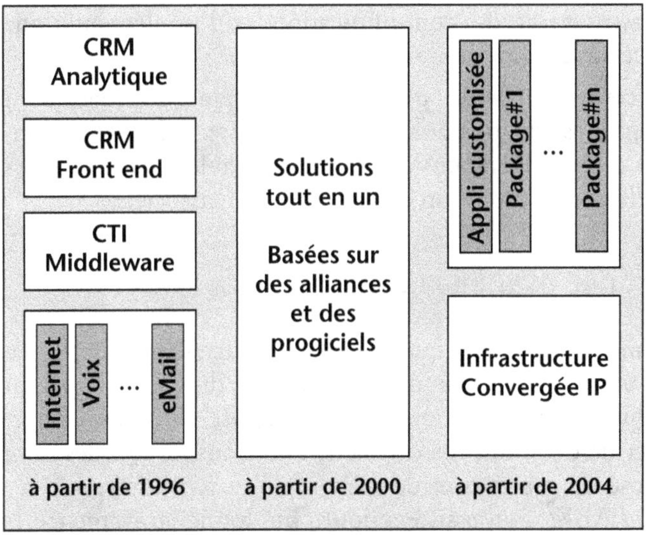

Lors de la première phase de ce schéma, soit à partir de 1996, les différentes technologies disponibles permettaient de construire le système d'information à partir d'outils ciblés. L'intégration des technologies s'appuyait en général sur un *middleware* et il n'existait aucun accord particulier entre les différents éditeurs et équipementiers.

Lors de la deuxième phase, soit à partir des années 2000, les technologies ont peu évolué, mais des solutions intégrées se sont développées, soit complètes soit sur la base d'alliances entre fournisseurs de technologies.

La troisième phase, qui a débuté voici quelques années, prend véritablement son essor aujourd'hui et illustre une double évolution :

Le développement d'une architecture de système d'information de plus en plus modulaire qui vise à mieux garantir leur capacité d'adaptation et à mieux gérer leurs coûts ;

Le développement des technologies IP[1] qui permettent d'entrevoir un futur où seront « décorrelées » la mise en œuvre des infrastructures de communication et l'implémentation des processus de gestion de la relation client.

Dans cette troisième phase, la direction informatique peut préparer le socle technologique nécessaire à la réalisation des projets, ceci indépendamment des responsables de la stratégie relationnelle et de l'évolution de l'organisation associée.

L'impact des avancées technologiques sous IP

Les avancées technologiques, en matière de réseau, dans le monde IP ont un impact certain dans le domaine du CRM. Alors qu'il y a quelques années encore, toute entreprise se voyait obligée de disposer de deux réseaux distincts, l'un transportant des données (composé de routeurs et de *switches*), l'autre utilisé pour la voix (réseau PABX[2]), on assiste aujourd'hui à une convergence croissante vers un réseau intégrant à la fois les transmissions voix, données et même vidéo, sur un système unique.

Cette convergence vers un réseau unifié et simplifié a pour conséquence une réduction des coûts, notamment liée à une simplification de l'organisation, de la conception, du déploiement et de la gestion de l'infrastructure de communication. Plus important encore, ce type d'architecture organise le flux et le partage des données, grâce à une intégration des différentes fonctions de l'entreprise. Elle fluidifie ainsi la circulation de l'information, facilite la prise de décision et améliore l'expérience du client, augmen-

---

1. IP (*Internet Protocol*) : protocole de transmission des « paquets » d'informations entre les ordinateurs du réseau internet.
2. PABX (*Private Automatic Branch Exchange*) : autocommutateur téléphonique privé.

tant ainsi productivité et retour sur investissements technologiques. Ceci dépasse évidemment le périmètre du CRM, un réseau convergé concerne l'ensemble des applications courantes d'une entreprise, de la logistique à la formation en ligne, au commerce électronique, à la finance ou aux ressources humaines. Étant donné l'aspect critique de ces applications, une architecture de réseau est devenue un élément stratégique lié au succès de toute organisation.

En parallèle à une forte augmentation de la bande passante, les besoins en fiabilité, « priorisation » des applications et sécurisation de l'environnement, dans un contexte multimédia, sont de plus en plus conséquents. Le déploiement de ces applications reste donc un défi et l'architecture doit être imaginée en fonction des flux entre terminaux, services et applications.

Pour exemple Cisco Systems, *leader* mondial des réseaux, a développé une architecture voix, vidéo, et données (AVVID). Architecture de référence, elle offre un cadre permettant de concevoir un réseau hautement robuste et fiable, en temps réel, au service de toute solution internet ou application multimédia.

L'utilisation de composants standards, c'est-à-dire « interopérables » et évolutifs, est une autre source de succès. La bonne entente entre développeurs d'applications, fournisseurs de logiciels et intégrateurs étant essentielle au succès d'un déploiement, toute architecture doit être fondée sur des API[1] bien définies. Ces interfaces permettront également d'accélérer les phases de test d'opérabilité des solutions, épargnant ainsi temps et ressources. De plus, une architecture basée sur des standards facilitera une évolution rapide des applications, car de nouveaux modules pourront facilement s'intégrer dans l'architecture IP existante.

Enfin, la tendance va vers une intelligence croissante du réseau, une intelligence toujours plus ancrée au cœur de celui-ci, notamment grâce à une reconnaissance des flux et du trafic. On parle alors de « réseau intelligent », un réseau intégrant de plus en plus de logiciels et entretenant un lien plus étroit, presque fusionnel, avec les applications qu'il transporte. Ces réseaux seront alors

---

1. *Applications Programming Interfaces*

capables « d'auto optimiser » leur architecture, de s'adapter aux flux entre clients et serveurs, de les sécuriser, et de reconnaître et optimiser le trafic spécifique à chaque application de l'entreprise (voix, vidéo ou données aux progiciels). Parallèlement aux applications, ces réseaux évoluent naturellement vers plus de « virtualisation », plus de mobilité et de services *web*, et vers un univers où les fonctionnalités deviennent indépendantes de leur localisation ; ceci représente un avantage non négligeable, pour notamment éviter une trop forte consolidation des centres d'appels.

Pour conclure, notons que **grâce aux applications CRM basées sur son réseau** convergé (et dans le seul domaine de la relation client), **Cisco Systems a ainsi économisé 920 millions de dollars en 2003.**

Évaluées par un organisme indépendant, ces économies sont réalisées à la fois en termes d'économie, d'investissements, de gain de temps et de productivité.

Ainsi :

Suite à l'auto résolution en ligne de 2,6 millions de questions liées au support technique, un service après-vente est devenu plus efficace ;

Avec plus de 90 % des commandes passées en ligne, une entreprise a obtenu une diminution des coûts de transactions, mais aussi une réduction du temps passé par la force commerciale à des activités qui ne génèrent pas de valeur ;

Le développement d'événements marketing en ligne entraîne une réduction de 70 % du coûts des séminaires.

L'IMPACT TECHNOLOGIQUE DANS LE DOMAINE DU CRM
CHEZ CISCO SYSTEMS

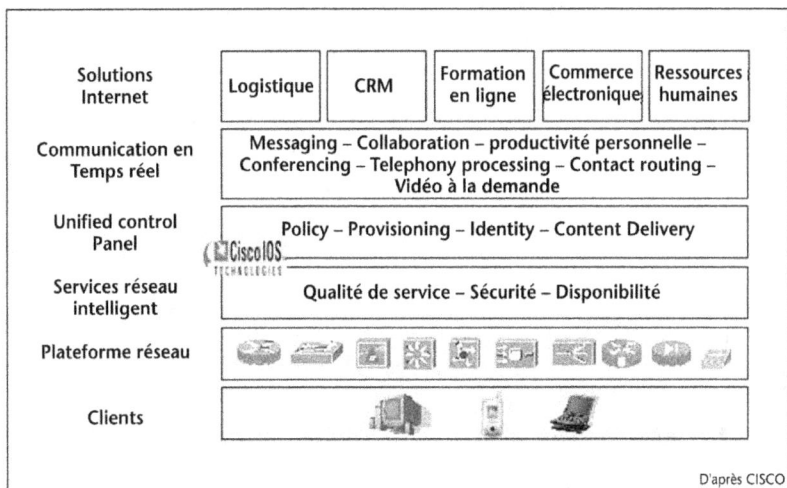

Solutions Internet	Logistique	CRM	Formation en ligne	Commerce électronique	Ressources humaines
Communication en Temps réel	Messaging – Collaboration – productivité personnelle – Conferencing – Telephony processing – Contact routing – Vidéo à la demande				
Unified control Panel	Policy – Provisioning – Identity – Content Delivery				
Services réseau intelligent	Qualité de service – Sécurité – Disponibilité				
Plateforme réseau					
Clients					

CiscoIOS TECHNOLOGIES

D'après CISCO

Une relation client radicalement différente en profitant du réseau

De nombreux secteurs d'activité se sont ainsi transformés.

Nous avons montré l'importance du réseau au niveau de l'entreprise, attachons-nous à présent à étudier son impact dans l'évolution de pans entiers de l'économie.

Prenons deux exemples, ceux de la distribution et du secteur automobile, où il promet de profondément modifier le lien unissant le client et le fournisseur.

>> La distribution

Dans la distribution, un réseau intelligent servira de base à une communication multicanal, améliorant la communication entre employés mais aussi l'expérience client, grâce à la proposition de modes nouveaux d'interaction avec le commerçant.

Des gains de productivité seront enregistrés au sein de la chaîne logistique. L'utilisation de nouveaux médias en magasin, allant de la simple communication à la vente d'espaces publicitaires, permettra de générer de nouvelles sources de revenu. Pour une meilleure communication, des écrans plasma audio et vidéo, placés dans les rayons, diffuseront publicités et promotions. Gérés par le distributeur, voire directement par le fournisseur, ils seront mis à jour en temps réel en fonction du déstockage des rayons.

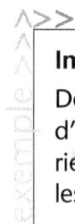

Imaginez

Des petits terminaux sans fil (Tablet PC) permettront au client d'imprimer une recette de choucroute lorsqu'il passe à la boucherie et lui proposera automatiquement la dernière promotion sur les vins d'Alsace au rayon suivant.

Dans le même temps, le distributeur pourra récupérer des informations utiles et établir une relation plus étroite avec le consommateur.

Le chef de rayon, quant à lui, n'aura plus besoin d'ordinateur en *back office* ; il pourra, par simple appel où à partir de l'écran de son téléphone IP fixe ou mobile, connaître les stocks du magasin ou de son fournisseur (application XML[1] ou vidéo) et accéder en temps réel aux informations nécessaires pour vérifier la disponibilité d'un produit ou passer un ordre de commande.

Au-delà de la simplification de la traçabilité d'un produit ou de la gestion de l'achalandage en temps réel, la technologie RFID[2] permettra à la ménagère de passer plus rapidement en caisse, grâce à une lecture automatique du prix à payer au passage de son chariot.

---

1. *Extensible Markup Language* : langage en format texte, simple et souple qui permet les échanges de données sur le *web*.
2. *Radio Frequency Identification* : protocole de type réseau permettant à chaque produit de devenir communicant (localisation, date de fabrication, de péremption…), grâce à une puce électronique intégrée.

De tels projets dépassent le champ d'action du seul distributeur et nécessitent un développement commun entre plusieurs partenaires stratégiques. Un consortium avec comme principaux acteurs **Cisco, Intel, Cap Gemini** et **Microsoft**, propose d'assembler les différents composants nécessaires à une solution alliant réseau, infrastructure, terminaux multimédia et intégration.

Le réseau devra être capable de gérer des applications (avides de bande passante) tel le RFID et l'étiquetage électronique, une communication multicanal, le passage en caisse automatique ou encore les écrans publicitaires.

De nombreux géants de la distribution, tels Walmart, Carrefour ou Vendex aux Pays-Bas, ont amorcé le déploiement de telles solutions, et déploient en parallèle une architecture réseau convergée intégrant téléphonie sur IP, mobilité et réseaux sans fils, gestion intelligente du contenu et des médias et stockage des données sur le réseau.

>> L'industrie automobile

Dans l'industrie automobile, c'est la transformation de la concession automobile, intégrant internet et les nouvelles technologies, qui promet de modifier les comportements relationnels.

Les divergences entre le modèle économique des constructeurs et celui de leur réseau de distribution se traduisent par une relation marque/réseau souvent difficile.

Le réseau de distribution automobile demeure une zone d'amélioration relativement vierge, et certains constructeurs entreprennent aujourd'hui une démarche proactive d'alignement et de soutien de leur réseau de distribution, afin de mettre à jour une poche de valeur stratégique représentant plusieurs centaines d'euros par véhicule.

Le distributeur attend des constructeurs des bénéfices substantiels, des produits de qualité, des prix compétitifs, des livraisons fiables, ou encore, une marque de renom. Mais, il demande aussi et surtout, un soutien en termes de formation (les produits sont de plus en plus complexes), de promotions, de temps de réponse rapide, d'assistance technique, de gestion des prospects et de suivi du client.

Entre constructeurs et concessionnaires, la communication doit donc être plus régulière, pour ne pas dire permanente. C'est dans cet esprit, que **Cisco** a réuni des partenaires comme **Microsoft** et **Cap Gemini** pour transformer les pratiques autour de la marque, du concessionnaire, du véhicule et du client. Il en résulte une intégration des dernières innovations technologiques, avec pratiques et processus d'un constructeur automobile et de son réseau de concessionnaire, tout au long du cycle de vie du véhicule.

Quelques exemples

Grâce au *click to talk*, un client cherchant à configurer sa voiture sur internet, peut inscrire son numéro de téléphone, et se faire rappeler instantanément par un expert du centre d'appel du constructeur ou par un vendeur de la concession la plus proche.

Lorsqu'un client rentre dans la concession et que tous les vendeurs sont occupés, il peut se mettre en contact vidéo avec un assistant de vente distant, qui pourra lui fournir des renseignements, mais aussi développer du contenu sur un écran au sein de la concession.

Des modules de formation en ligne alliant streaming vidéo et présentations digitales facilitent la formation des vendeurs de la concession directement sur leur lieu de travail.

Des vidéos peuvent également être diffusées, autour des nouveaux modèles, sur le lieu de vente.

Le WiFi facilite la mobilité à l'intérieur de la concession, le vendeur accédant à tous les services et applicatifs depuis un terminal mobile (tablet PC).

Le service après-vente connecte des terminaux mobiles, directement sur le véhicule, et enregistre les données liées à une panne ; son diagnostic est directement communiqué au client ou au service technique constructeur en cas de besoin.

Grâce à une base de données centralisée, le constructeur dispose en temps réel des informations consolidées des incidents véhicules. À partir d'un portail, il peut industrialiser une campagne de rappel et informer de façon proactive les clients et véhicules concernés, via des outils de push et des services web vers le véhicule ou les différents services de messagerie du propriétaire.

Les bénéfices démontrés sont aussi multiples que stratégiques : augmenter le nombre de contacts client, améliorer la traçabilité du véhicule et du client, réduire le cycle de vente, rester en contact quasi-permanent avec le client, permettre un marketing ciblé, améliorer la productivité des concessions par une montée en compétences.

L'apport technologique permet d'établir une communication plus régulière entre les parties, et notamment une relation directe entre la marque et le client final.

La maturité technologique se traduit par :

• Un suivi en temps réel du véhicule et de son propriétaire ;

• Un apport de services et un soutien demandé par les concessionnaires ;

• Une augmentation de la flexibilité et de la réactivité du couple constructeur concessionnaire.

Aussi, il n'est pas étonnant que de nombreux constructeurs, notamment **Toyota**, **Peugeot** et **Renault**, aient amorcé le déploiement de tels services après réflexion avec leur réseau de distribution.

À l'instar de l'exemple étudié précédemment dans le secteur de la distribution, les technologies telles que *WiFi*[1] et services de mobilité, XML et services *web*, portails et messagerie, IP téléphonie, visioconférence sur internet et *streaming* vidéo, promettent de faire effectuer un nouveau bond en avant à l'expérience client.

Une architecture IP voix, données et vidéo, reliant constructeurs et concessionnaires, et sur laquelle vient se connecter le client final, est la clé de voûte de l'édifice et assure au réseau les qualités requises pour ce type de service.

---

1. Nom « grand public » des normes 802.11b, 802.11g, 802.11a. Cette technologie permet l'interconnexion d'ordinateurs sur un réseau sans fil, grâce aux ondes radio.

Concevoir un plan d'action

>> Les projets de relation client sont des projets complexes

Les projets de relation client ne sont pas des projets comme les autres. Ils ont ceci de spécifique que le plan d'action doit refléter un savant équilibre entre des actions qui visent à faire évoluer l'organisation, les processus et les outils, et celles qui s'attachent à la culture de l'entreprise et visent à en développer le volet relationnel.

Le plan d'action CRM d'une entreprise ne ressemble à aucun autre car il s'inscrit à un moment donné de son histoire, s'appuie sur les initiatives passées et peut prendre les formes les plus variées. Il doit à la fois répondre à des objectifs opérationnels à court terme et respecter la vision de l'entreprise, sa stratégie et sa politique en matière de relation client.

Un plan d'action peut se concrétiser par le développement d'un nouveau service, tout aussi bien que par le déploiement d'un outil informatique, par des actions d'optimisation à horizon de deux ou trois mois, comme par des investissements en infrastructures à horizon de deux ou trois ans.

Dès lors que l'on cherche à passer des concepts à l'action, de la décision à la mise en œuvre, les projets de relation client sont, pour une large part, des projets d'organisation dont on peut distinguer trois parties :

Une partie diagnostic visant à identifier les priorités opérationnelles et stratégiques à propos desquelles la relation client apporte un éclairage complémentaire ;

Une partie analytique visant à définir la cible relationnelle de l'entreprise ainsi que le chemin pour y parvenir ;

Une partie opérationnelle et à court terme visant à consolider le dispositif relationnel actuel.

>> Les raisons des blocages sont multiples

Des concepts clairs, une technologie disponible et une tendance de fond ne suffisent pas à lancer ou relancer un plan d'action et des investissements conséquents, surtout lorsqu'il va falloir faire évoluer de manière significative les métiers des collaborateurs d'une grande partie de l'entreprise ; c'est encore plus vrai, lorsque des initiatives ont déjà été lancées sans obtenir les résultats escomptés.

Le constat reflète notamment deux situations courantes d'entreprises :

Celles qui repoussent leurs investissements sur le sujet années après années ;

Celles qui ont initié des démarches, mais se retrouvent enlisées dans des projets de système d'information aux coûts jugés prohibitifs.

De manière générale, toute transformation significative du travail des hommes et de l'organisation demande aujourd'hui que **les collaborateurs de l'entreprise soient des acteurs du changement**. Or, la montée en puissance de la gestion de la relation client, en raison de ses perspectives à long terme et malgré son importance, ne porte pas en elle-même de notion d'urgence. Sans impératif ni adhésion autour d'une échéance, il est très difficile de mobiliser les acteurs, chacun se concentrant sur ses propres priorités.

Dans ces conditions, comment démarrer ou relancer un plan d'action ? Comment éviter que le sujet ne soit reporté d'exercices budgétaires en exercices budgétaires ? Comment éviter les consensus mous susceptibles de ne déboucher sur aucune avancée significative ?

>> S'appuyer sur des échéances visibles

Le contexte économique offre parfois, de lui-même, des échéances pour mobiliser l'entreprise et donner un sens économique complémentaire au développement de la gestion de la relation client.

Ce fut le cas pour Peugeot en 1998 avec l'arrivée, à échéance 2003, du « bloc exemption » qui supprimait, sur directive européenne, la distribution exclusive.

Ce fut le cas **pour France Telecom** et c'est le cas **pour EDF-GDF** (juillet 2004 et juillet 2007) avec l'ouverture de leurs marchés à la concurrence.

C'est le cas **pour Air France** avec la préparation de la privatisation prévue en 2004.

Dans tous ces exemples, les enjeux sont mobilisateurs et l'un des axes du plan d'action associé à l'échéance et à l'urgence comprend à chaque fois le développement de la gestion de la relation client.

En l'absence d'échéances externes aussi structurantes, la vie de l'entreprise est suffisamment riche pour offrir (assez souvent) des échéances internes sur lesquelles s'appuyer.

Tous les projets de refonte des systèmes d'information sont, à ce titre, autant d'opportunités pour développer les infrastructures support de la gestion de la relation client (avec des chantiers comme le référentiel client ou le développement du canal internet).

Nous avons vu dans la première partie comment l'installation du progiciel SAP a conduit l'industriel **Rhodia** à faire évoluer sa stratégie de relation client ; de même pour **Lafarge Mortiers** qui a été amené à porter son système d'information sur le progiciel JDEdwards et a fait évoluer son organisation et ses processus relationnels.

Plus généralement, tous les projets en cours ou à lancer sont autant d'occasions de sensibiliser les acteurs à la relation client, chaque fois que cela est pertinent.

Pour les entreprises qui ne disposent pas d'échéances internes ou externes structurantes, la méthode la plus directe consiste à créer l'événement, à créer le besoin dans l'esprit des collaborateurs.

Il s'agit d'investir, non pas dans un projet à grande échelle, mais dans une expérience pilote ou un laboratoire impliquant un nombre limité d'individus.

Il s'agira, par exemple, d'inciter un centre d'appel à développer du *cross-selling* sur appels entrants ou de la vente promotionnelle sur appels sortants ; on pourra également créer un laboratoire de *datamining* destiné à explorer les comportements des consommateurs pour affiner les discours de vente.

© Éditions d'Organisation

Parmi les avantages multiples de ce type de démarche, nous retiendrons surtout **l'outil efficace pour amorcer une évolution de la culture de l'entreprise.**

Les acteurs (de ces expériences pilote) sont en effet les meilleurs avocats pour assurer la diffusion et convaincre de l'intérêt des expériences réussies.

Ainsi

Lors de la mise en place du centre d'appel de la **Compagnie Générale des Eaux** en banlieue parisienne, ce sont les salariés eux-mêmes, suite à une expérience pilote, qui ont convaincu les syndicats, alors que la direction avait échoué deux ans auparavant.

>> Le lancement d'un projet CRM s'appuie sur un plan d'action

Comme pour tout projet complexe, il est nécessaire d'apporter un soin particulier à l'élaboration d'un plan d'action d'un projet CRM.

LA CONCEPTION D'UN PLAN D'ACTION

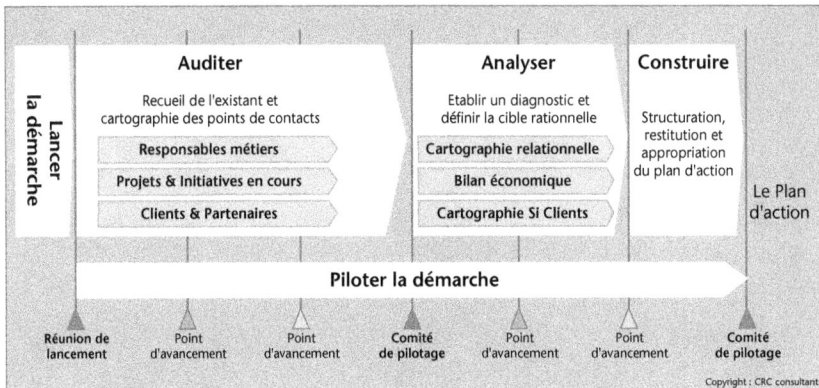

Les principales étapes de la conception

Lancer la démarche : il s'agit de l'étape préalable d'organisation détaillée de la démarche (acteurs impliqués, répartition des rôles, planification…) qui permet de prendre en compte le contexte de l'entreprise.

Auditer : il s'agit d'une phase de recueil qui aboutit, notamment, à l'établissement de la cartographie des points de contacts du dispositif relationnel actuel.

Analyser : il s'agit d'une phase de diagnostic et de définition d'une cible relationnelle.

Construire : il s'agit d'une phase de structuration, de restitution et d'appropriation du plan d'action.

Piloter la démarche : une démarche de ce type demande à être pilotée comme un projet transversal, avec toutes les difficultés et les opportunités que cela représente.

Nous allons présenter plus en détail la démarche en développant les **trois chapitres : auditer, analyser, construire.**

Chapitre 6

Auditer

Le poids du contexte

Tout bilan relationnel dans une entreprise s'inscrit à un moment précis de son histoire et de sa culture. Ce sont des dimensions à prendre en considération pour établir un diagnostic pertinent. Il est assez courant de constater que sur le sujet de « la relation client » ou du « CRM », si **de nombreux efforts ont été consentis, il existe rarement un dispositif de suivi et de pilotage de la relation client** et encore moins de la relation multicanal. De plus, **les responsables opérationnels sont peu incités à se mobiliser sur des initiatives transverses.**

De nombreux efforts ont été consentis

Les entreprises ont en général consenti de nombreux efforts pour améliorer la relation client et cela pour deux raisons.

La première raison est que les entreprises n'ont pas attendu les projets liés à la relation client pour développer l'efficacité de chacun des canaux qu'elles utilisent ; l'exemple le plus courant étant celui de l'efficacité de leur force de vente. Cela dit, la réflexion en matière de relation client introduit, nous l'avons vu, de nouveaux concepts et, par conséquent, de nouvelles questions auxquelles l'entreprise doit trouver des réponses :

Comment peut-on être sûr, au regard des enjeux de la relation client, que les ressources de l'entreprise sont exploitées de manière cohérente et efficace entre les différents canaux ?

Comment s'assure-t-on que l'entreprise tire tout le potentiel possible de ses clients et pour cela, comment définir leur valeur ?

La seconde raison est que l'entreprise a souvent déjà engagé un plan d'action visant à développer la relation client ; mais là aussi des questions demeurent :

Comment s'assure-t-on que l'entreprise tire tous les bénéfices des investissements réalisés et en cours ?

Le cas échéant, que fait-on des initiatives qui s'enlisent et comment peut-on les relancer ?

L'absence de dispositif de suivi et de pilotage de la relation client et multicanal

L'absence de dispositif de suivi et de pilotage de la relation multi-canal induit celle d'un bilan complet, objectif et structuré de l'état de leur relation multicanal.

Cela ne signifie pas que les entreprises soient aveugles, loin de là, mais plutôt que l'état de la relation client (ses forces et ses faiblesses) est perçu de manière implicite et intuitive.

Au mieux, l'état de la relation est suivi par canal, mais pas de manière transversale.

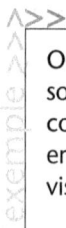

> On sait combien de produits sont achetés en magasin et combien sont achetés sur internet, mais on a beaucoup de mal à estimer combien ont été achetés en magasin après une visite internet et encore moins, combien ont été achetés sur internet après une visite en magasin.

La réalité est que le client est aujourd'hui un client, consommateur multicanal. Il s'attend à ce que les entreprises soient équipées des différents canaux de communication et qu'elles soient capables de coordonner les informations entre ces différents canaux.

À ce propos, le concept de « consommateur *online* » des grands débuts du commerce sur internet n'a plus de sens dans les approches actuelles, s'il en a jamais eu !

Bien appréhender les indicateurs pertinents en matière de relation multicanal reste encore un processus d'apprentissage pour de nombreuses entreprises.

Les banques anglaises l'ont découvert dans les années 2000-2001 lorsqu'elles ont commencé à fermer des agences, confortées par les mesures de désaffection du canal agence au profit des canaux téléphone et internet.

Après neuf mois dans cette voie, elles accomplirent une marche arrière spectaculaire et ouvrirent en toute hâte de nouvelles agences.

Elles venaient d'apprendre à leurs dépens, que, dans leur domaine d'activité, la présence physique (même non exploitée) avait un impact direct sur leur attractivité globale.

L'action des responsables opérationnels

Ils sont généralement peu incités à se mobiliser sur des initiatives transverses

Les entreprises ne disposent en général ni d'une vision commune et partagée des enjeux en matière de relation client, ni d'événement concret et mobilisateur capable de fédérer les énergies autour du projet de développement de la relation client.

Dans ce contexte, le cas le plus courant est celui de responsables opérationnels affirmant avoir déjà pris en compte la dimension de la relation client dans leur domaine et incapables de saisir la pertinence, au quotidien, de ces initiatives transverses.

Et ils ont raison, du moins en partie ! Dans la plupart des cas, ces responsables opérationnels ont effectivement mené des initiatives à l'efficacité avérée dans leur périmètre de responsabilité. C'est d'ailleurs ce que l'entreprise leur demande.

En revanche, leur quotidien ne les prédispose pas, ni ne les incite, à quelques exceptions près, à mener des réflexions et encore moins à prendre des initiatives transverses.

Et pourtant, c'est là que la gestion de la relation client va développer tout son sens.

Après tout, à quoi cela sert-il de développer un service attractif de fidélisation si le centre d'appel, ou le commercial en charge de la relation, sont, le plus souvent, injoignables ?

La phase de recueil

Cette phase consiste à recueillir :

Auprès des responsables de l'entreprise, une perception des forces et faiblesses actuelles de la relation client, de manière générale puis canal par canal ;

Auprès des responsables des initiatives menées en matière de relation client, la description des freins et contraintes qu'ils rencontrent ;

Auprès des clients, leur niveau de satisfaction et leurs attentes.

Auprès des responsables de l'entreprise

Pour mener une analyse exhaustive et détaillée du dispositif relationnel d'une entreprise, l'idéal théorique serait d'étudier, en détail, les processus et les comportements existants sur tous les points de contacts. Ce n'est ni nécessaire ni utile, ni même efficace en phase de recueil.

Il est possible d'avoir un aperçu de l'état relationnel de l'entreprise à partir d'une **analyse déclarative** faite par ses responsables, à l'occasion d'entretiens et de réunions de travail en groupe.

La démarche consiste en un pari fait sur les hommes, avec la conviction que les responsables opérationnels ont la connaissance de l'état relationnel de l'entreprise. Cependant, cette connaissance n'est pas forcément structurée ou formalisée ; elle est aussi plus ou moins intuitive, sans être toujours étayée par des données factuelles. Elle ne permet pas non plus de passer directement du constat négatif à l'action, avec l'assurance de définir les bonnes priorités.

Pour structurer les entretiens et les réunions de travail, il existe plusieurs outils qui ont montré leur efficacité. Parmi eux, mentionnons la grille des « 10 règles d'or » du CRM de **Ernst & Young**.

Cette grille, régulièrement enrichie depuis son élaboration, est le résultat d'une enquête mondiale effectuée auprès d'entreprises ayant réalisé un projet CRM. **L'enquête a mis en évidence les caractéristiques communes à toutes les entreprises ayant réussi leur projet.**

Les règles d'or expriment ainsi des facteurs clés du succès de projets de relation client réussis, tous secteurs d'activités confondus.

LA GRILLE DES « 10 RÈGLES D'OR »

Segmentation de la valeur		Connaître les marchés Connaître la valeur et le processus de décision client et utiliser ces éléments pour bâtir les stratégies Marketing, Vente et de Service
Mémoire institutionnelle		Capitaliser la relation client et son historique avec l'entreprise
Partenariat		Impliquer le client dans la formulation de ses attentes, lui apporter des solutions et respecter les engagements
Efficacité des points de contacts		Disposer de canaux d'interaction adaptés aux besoins et à la valeur du client
One & Done		Apporter la réponse, ou des éléments constitutifs, aux attentes du client dès le premier contact
Gestion de l'information en temps réel		La bonne information, dans les bonnes mains, au bon moment
Satisfaction client		Mesurer la performance des collaborateurs sur des éléments orientés sur la satisfaction et la fidélisation client
Processus itératif		Partager l'information entre le front et le back office – organiser des processus permettant la mise à jour interactive des systèmes
Dialogue et restitution		Être à l'écoute des besoins du client, les formaliser, les intégrer au cœur de l'activité, et restituer au client une solution personnalisée
Gestion de l'expérience client		Capitaliser la connaissance client et entretenir une relation cohérente, efficace et profitable quelque soit le point de contact

Copyright : CGE&Y

Le tableau ci-dessous présente un exemple d'utilisation de la grille. Dans ce cas, elle a permis de formaliser l'état d'avancement dans le mode relationnel de chacune des huit divisions (D1, D2…) d'un groupe industriel.

Evaluation sur une échelle de 1 à 5 (du meilleur au moins performant)	D1	D2	D3	D4	D5	D6	D7	D8
Segmentation par la valeur	4	4	4	5	4	4	3/4	3/4
Mémoire institution-nelle	3	2	2/3	3	3/4	3	3/4	3/4
Partenariat	4	4	4	4	4	4	3	4
Efficacité des points de contact	1	1	2/3	2	2/3	3/4	4	4/5
One & Done	1	1/2	3/4	4	4	4/5	4/5	4
Gestion des infos en temps réel	3/4	3	3	2	2/3	4	4	5
Satisfaction client	1/2	3/4	3/4	3/4	4	4	4	4
Processus itératif	1/2	3	2/3	3	3	4	3	3/4
Dialogue et restitution	4	1/2	3	2	5	4	4	2
Gestion de l'expé-rience client	1/2	2	3	2	1	3/4	3	3

Cette analyse a permis de qualifier la qualité de la gestion de la relation client sur une échelle de 1 à 5 (du meilleur au moins bon). Dans ce cas précis, l'analyse a mis en évidence la priorité à donner à une approche par segments de valeur client.

Auprès des responsables des initiatives menées en matière de relation client

Après le recueil d'informations concernant l'état de l'entreprise et son dispositif relationnel, l'objectif est de déterminer l'évolution du dispositif relationnel. On applique la démarche par entretiens et groupes de travail.

En complément, il est possible de s'intéresser à la vie de ces initiatives de façon à identifier les risques à prendre en compte lors de la définition de futurs plans d'action.

Il est envisagé de faire évoluer un centre d'appel en centre de contact (plus évolué au plan de la relation client). Il est bon de se rappeler que la création de ce centre d'appel a fait l'objet de plusieurs mois de négociations avec les syndicats et que cela concerne une catégorie de personnel particulièrement réticente au changement.

Mais à vouloir recueillir les freins et contraintes vécus par les responsables d'initiatives en cours ou passées en matière de relation client, **le risque est de se retrouver confronté à des intérêts divergents dans l'entreprise.** Dans ce cas, il est important de garder présent à l'esprit que **la phase de recueil n'a pas pour objectif d'émettre un avis sur ces initiatives.**

Ainsi

Lorsque **Renault-Nissan** a décidé, en 2000, de cadrer son projet CRM au niveau mondial, les équipes de maîtrise d'ouvrage furent confrontées à cette difficulté.

Il existait un projet de *datawarehouse,* en cours depuis plus de trois ans, dont les résultats n'étaient pas à la hauteur des investissements. Les opinions divergeaient sur la conduite à tenir vis-à-vis de ce projet, allant du renforcement du projet, à son arrêt pur et simple ; ces divergences ont créé des tensions multiples entre les différents acteurs impliqués ; certains en étaient arrivés, depuis près d'un an, à éviter de se parler.

Cette situation impliquait un double questionnement.

Comment faire travailler ensemble des acteurs aussi mal disposés les uns envers les autres et quelle attitude fallait-il avoir vis-à-vis de ce projet très critiqué ?

La réponse donnée par l'équipe de maîtrise d'ouvrage tient en un seul mot : **pragmatisme.**

Pragmatisme d'abord, en refusant toute démarche qui aurait évité d'impliquer tous les acteurs.

Pragmatisme ensuite, en incitant les acteurs à se concentrer, en premier lieu, sur la conception de la cible en matière de relation client, ce qui fut l'occasion de renouer le dialogue entre les acteurs et, finalement, de partager une vision commune.

Pragmatisme enfin lors de la conception du plan d'action, en définissant des scénarios d'évolution vers la cible, indiquant comment les investissements déjà effectués pouvaient être valorisés ; ceci a permis de concentrer les débats sur le choix des scénarios.

Le résultat du cadrage du projet mondial de Renault-Nissan a été présenté et approuvé par Louis Schweitzer en novembre 2000. Le scénario retenu comprenait une première phase qui est devenue opérationnelle durant l'été 2003.

Auprès des clients

Trop d'entreprises se voilent encore la face au sujet de la qualité de leur relation.

Les signes de dysfonctionnements relationnels existent, mais ne sont pas toujours pris en compte ? Les simples remarques d'un client indiquant : « *Je ne parviens jamais à vous joindre !* » ou « *Personne ne répond chez vous !* », si elles étaient prises en compte, suffiraient à identifier un malaise relationnel.

Et pourtant, bon nombre d'études et de baromètres sont suivis pour prendre la température de l'état de la relation. Ils ont, au minimum, le mérite de prévenir d'une détérioration des processus en place.

Idéalement, ils devraient prévenir de toute détérioration du dispositif relationnel, mais cela n'est obtenu que si les processus se réfèrent à un mode opératoire défini, évalué et capable de gérer la relation client, ce qui est loin d'être le cas le plus répandu.

© Éditions d'Organisation

Certaines entreprises proclament ainsi, qu'avec un taux de 97 % de réponses, elles gèrent convenablement les appels de leurs clients. Mais les questions fondamentales sont les suivantes : Et si mon meilleur client est dans les 3 % restants ?

L'analyse révèle que 97 % des appels ont obtenu une réponse, mais combien y a-t-il eu d'appels non aboutis et combien de clients ont-ils fini par renoncer ?

À ces 97 % d'appels, combien correspondent de réponses appropriées, soit du point de vue du client, soit du point de vue de l'efficacité et de la rentabilité de l'entreprise ?

Pour constituer un recueil de données pertinentes sur la perception des clients au sujet de leur relation avec l'entreprise, la principale difficulté porte sur la nature des indicateurs.

Ainsi, au-delà des indicateurs reflétant l'efficacité des processus de gestion mis en place, ce sont **les indicateurs prédictifs des dysfonctionnements** possibles qui contribuent le plus à l'analyse.

Les indicateurs prédictifs sont ceux qui permettent de répondre à une question telle que :

Quels sont, parmi les paramètres suivants, ceux qui vont impacter la qualité de ma relation ?

La « saisonnalité » ? La réduction du temps de travail et les vacances ? Le risque de rupture de stocks (en période de surcapacité, en période de fortes commandes...) ?

Ces indicateurs prédictifs sont obtenus par le truchement d'enquêtes et par la remontée d'informations provenant des processus opérationnels. Lorsque l'entreprise a mis en place ces dispositifs, elle dispose d'un état des lieux, mais aussi d'une visualisation des écarts dans le temps.

Dans le cas contraire, un recueil par la mise en place d'une opération ponctuelle est en général suffisant pour obtenir un état des lieux.

La cartographie des points de contacts

Conformément au levier 3 « multicanal », il existe des points de contacts gérés par l'entreprise avec des ressources dédiées et pilotées, mais il existe aussi des points de contacts simplement « adressés », de manière informelle, par les hommes et les femmes de l'entreprise. C'est d'une cartographie de l'ensemble de ces points de contacts dont on a besoin pour effectuer une analyse pertinente.

En effet, les points de contacts de l'entreprise avec ses clients sont autant d'occasions de se poser de nombreuses questions clés :

Écoute-t-on son client ?

La réponse à chacune de ses requêtes est-elle satisfaisante ?

Ne pourrait-on pas lui vendre plus ou mieux à l'occasion de chaque sollicitation ?

Est-on suffisamment pro-actif ?

La cartographie des points de contacts est un mode de représentation qui formalise le dispositif de relation client selon deux axes majeurs :

- Un axe horizontal représentant le cycle de vie du client et mettant en perspective le dispositif relationnel du **point de vue du client** ;

- Un axe vertical représentant des événements qui peuvent se produire tout au long de la vie de la relation ; il met en perspective le dispositif relationnel **du point de vue des événements** de toute nature.

EXEMPLE DE CARTOGRAPHIE DANS LE SECTEUR AUTOMOBILE

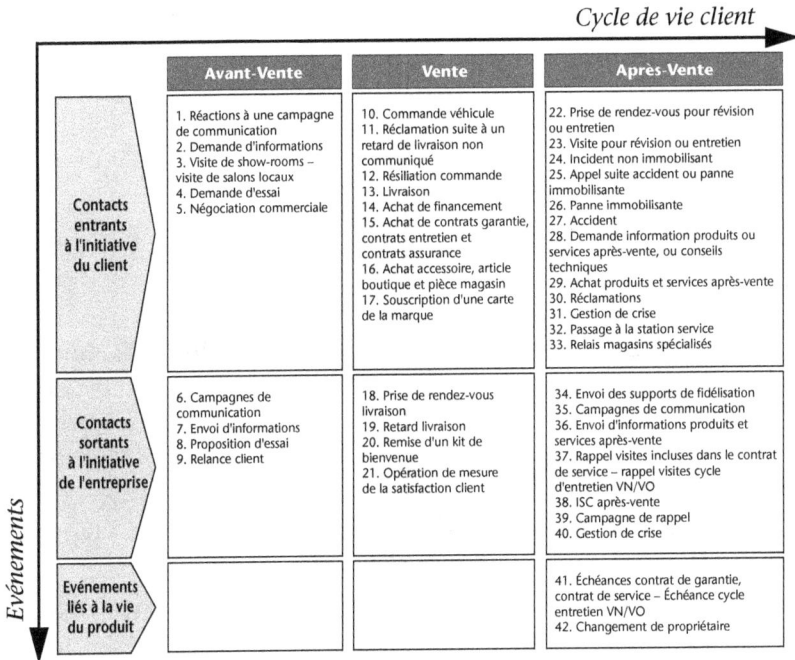

Cycle de vie client

	Avant-Vente	Vente	Après-Vente
Contacts entrants à l'initiative du client	1. Réactions à une campagne de communication 2. Demande d'informations 3. Visite de show-rooms – visite de salons locaux 4. Demande d'essai 5. Négociation commerciale	10. Commande véhicule 11. Réclamation suite à un retard de livraison non communiqué 12. Résiliation commande 13. Livraison 14. Achat de financement 15. Achat de contrats garantie, contrats entretien et contrats assurance 16. Achat accessoire, article boutique et pièce magasin 17. Souscription d'une carte de la marque	22. Prise de rendez-vous pour révision ou entretien 23. Visite pour révision ou entretien 24. Incident non immobilisant 25. Appel suite accident ou panne immobilisante 26. Panne immobilisante 27. Accident 28. Demande information produits ou services après-vente, ou conseils techniques 29. Achat produits et services après-vente 30. Réclamations 31. Gestion de crise 32. Passage à la station service 33. Relais magasins spécialisés
Contacts sortants à l'initiative de l'entreprise	6. Campagnes de communication 7. Envoi d'informations 8. Proposition d'essai 9. Relance client	18. Prise de rendez-vous livraison 19. Retard livraison 20. Remise d'un kit de bienvenue 21. Opération de mesure de la satisfaction client	34. Envoi des supports de fidélisation 35. Campagnes de communication 36. Envoi d'informations produits et services après-vente 37. Rappel visites incluses dans le contrat de service – rappel visites cycle d'entretien VN/VO 38. ISC après-vente 39. Campagne de rappel 40. Gestion de crise
Événements liés à la vie du produit			41. Échéances contrat de garantie, contrat de service – Échéance cycle entretien VN/VO 42. Changement de propriétaire

Événements

Dans cet exemple, la cartographie met en évidence 42 points de contacts physiques ou distants. Le diagnostic qui a suivi cette cartographie a fait apparaître que moins de la moitié des points de contacts était gérée et prenait en compte la dimension relationnelle.

La cartographie des points de contacts est un outil de formalisation du dispositif relationnel d'une entreprise. C'est en définissant, puis en analysant l'état de la relation à chaque point de contact, que l'on parvient à qualifier le dispositif relationnel d'ensemble, et notamment :

- La dimension relationnelle des processus en place ;
- La cohérence des points de contacts, dans une approche multicanal de la relation ;
- L'ampleur et l'impact des aspects informels.

La cartographie des points de contacts s'appuie sur deux concepts que nous allons approfondir :
Le cycle de vie des clients ;
La dimension événementielle.

Le cycle de vie des clients

>> Définition

Le cycle de vie des clients est constitué d'étapes successives, correspondant aux différentes **étapes de la chaîne de valeur** qui aboutissent à délivrer produits et services aux clients. Chaque étape est censée contribuer directement et de manière significative à la relation entre le client et l'entreprise. Ce ne sont ni des activités de support, ni des activités de pilotage.

Le cycle de vie des clients distingue en principe **deux étapes majeures** et successives de **conquête** puis de **fidélisation**.

Le schéma ci-après illustre le concept et présente l'articulation d'un cycle de vie des clients « standard » avec les activités du marketing relationnel et les processus relationnels de gestion de la relation client.

Les différentes étapes du cycle de vie des clients constituent un moyen d'identifier et de structurer les processus relationnels de l'entreprise qui organisent les contacts avec le client.

Pour les entreprises qui ont l'habitude de fonctionner en « silo », avec une organisation structurée autour des produits/services, ces processus s'appuient en général sur des activités morcelées entre différentes parties de l'organisation, sans qu'aucun acteur n'ait la vision et encore moins la responsabilité de ces processus.

L'articulation entre le cycle de vie des clients et les activités de marketing relationnel illustre le rôle du marketing dans chacun des processus relationnels. C'est en ce sens, que certaines parties de l'organisation de l'entreprise voient leurs compétences complétées en matière de marketing relationnel et que la « culture marketing » se diffuse dans l'entreprise.

Articulation d'un cycle de vie clients

Cycles de vie clients – Marketing relationnel – Processus relationnels

Copyright : CRC consultant

>> Les différents cycles de vie clients d'une entreprise

Souvent, la diversité des activités des entreprises est telle, que la production de valeur suit plusieurs cycles de vie des clients. Un cycle de vie clients correspond à un marché, ou à un ensemble homogène de clients pour lequel l'entreprise a les mêmes concurrents et doit maîtriser les mêmes facteurs clés de succès.

>>

Ainsi

Pour une Compagnie Aérienne comme **Air France**, on peut distinguer **trois cycles de vie** correspondant aux activités de **transport de clients grand public**, de **transport de fret** pour les entreprises et de **contrats de maintenance** pour les flottes aériennes.

LES CYCLES DE VIE CLIENTS D'UNE COMPAGNIE AÉRIENNE

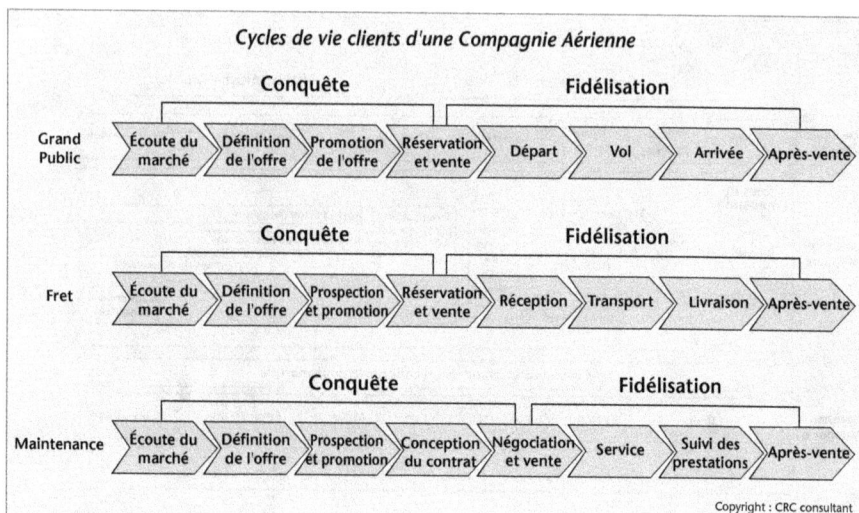

Cycles de vie clients d'une Compagnie Aérienne

Copyright : CRC consultant

La dimension événementielle

>> Définition

Le cycle de vie des clients ne suffit pas, à lui seul, pour rendre compte de la diversité des relations entre une entreprise et ses clients ; il demande à être complété par une approche événementielle qui va prendre en compte la situation de la relation, soit :

• Les événements liés **à la vie du client** (mariage, déménagement, enfants...) ;

• Les événements liés **à la vie du produit ou du service** objet de la relation entre l'entreprise et le client (l'entretien d'un véhicule, le rappel de produits défectueux...) ;

• Les événements liés **à la vie de l'entreprise** (fusion/acquisition, réorganisation, programme de fidélisation, campagnes marketing...).

Une situation, pour le client, correspond à un « moment de vie », à un moment de sa vie.

Il existe des événements pour lesquels des entreprises sont allées jusqu'à bâtir des activités complètes.

> **Le Printemps** a développé une **activité spécifique** autour des **mariages** et de la gestion des listes de mariage. Les futurs mariés comme les donateurs disposent d'une zone d'accueil dédiée dans le magasin, mais aussi d'un centre d'appel et d'un site internet dédiés, le tout fonctionnant avec chiffre d'affaires et compte de résultats annuels.

>> Les événements liés à la vie du client

L'étude du comportement des clients, à un moment particulier de leur vie, est une source d'enseignements qui peut s'avérer très précieuse.

> **Les compagnies d'assurance** savent que c'est à la naissance du deuxième enfant que les familles sont les plus réceptives à une offre en matière d'assurance vie.
>
> Du coup, **deux processus** ont été mis en place :
>
> **Le premier** consiste à **recueillir les informations** liées à la naissance, notamment par la mise en place d'un système de prime à la naissance ;
>
> **Le second**, dès lors que l'événement est détecté, consiste à **informer l'agent** en charge du client que c'est le bon moment pour lui proposer un contrat d'assurance vie.

Du point de vue du réseau d'agents, la compagnie d'assurance leur transmet un « *lead* commercial » qualifié.

D'une manière plus générale, il peut être intéressant d'aller jusqu'à mettre en perspective les événements de la vie des clients et les offres commerciales de l'entreprise, comme le font des Instituts de prévoyance.

L'OFFRE DES INSTITUTIONS DE PRÉVOYANCE

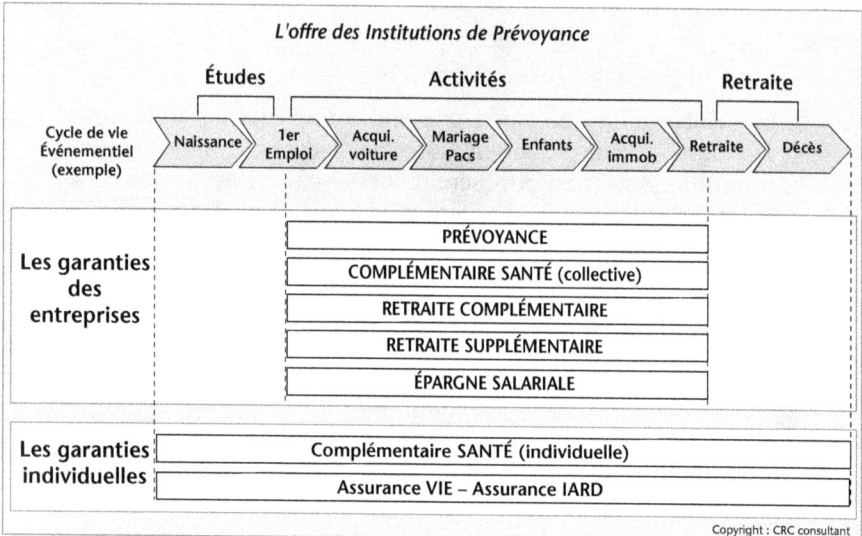

L'offre des Institutions de Prévoyance

Copyright : CRC consultant

Cette représentation montre la complémentarité des offres entre celles qui sont destinées aux entreprises et donc aux salariés (de ces entreprises), et celles qui sont faites aux individus. L'approche événementielle permet ici de modéliser puis d'identifier des opportunités de synergies entre les marchés « entreprises » et les marchés « individuels » des instituts de prévoyance, à des moments clés de la vie des clients. Cette approche permettra, par exemple, de proposer une « complémentaire santé » individuelle à un salarié qui part à la retraite.

>> Les événements liés à la vie du produit ou du service objet de la relation entre le client et le fournisseur

Tout le monde se souvient de l'implication des équipes **EDF** et de leurs interventions pour rétablir l'électricité après la **grande tempête de décembre 1999**. La communication d'EDF a permis de valoriser un service tangible pour ceux qui étaient directement impliqués et intangible pour tous ceux qui se sont sentis concernés. **EDF** a su profiter d'un événement externe, coûteux pour l'entreprise, pour renforcer son image.

Sans pour autant s'appuyer sur des contextes aussi dramatiques, on peut considérer que les événements de la vie du produit ou des services sont autant d'opportunités à exploiter pour valoriser l'entreprise. Une opportunité courante tient à la façon dont se traitent les réclamations.

L'entreprise cherche-t-elle à écouter et à recueillir les réclamations de ses clients ?

Pour un client qui réclame, combien d'autres ne le font pas et développent ainsi de l'insatisfaction sans que l'entreprise en ait conscience ? Un client qui réclame fait l'effort de rentrer en relation et, à ce titre, ne mérite-t-il pas de la considération ?

D'ailleurs, en matière de diagnostic relationnel, rien de tel que de s'intéresser à la façon dont une entreprise traite ses litiges.

Les événements sont parfois au cœur même de l'activité de l'entreprise. Pour les compagnies d'assurance et les mutuelles, l'événement majeur est le sinistre. Certes, chaque sinistre fait perdre de l'argent à la compagnie d'assurance mais c'est aussi le fondement de sa légitimité. Il s'agit, pour le client, d'un moment de forte implication et les attentes en matière de relation sont d'autant plus grandes. Ce n'est d'ailleurs pas un hasard si les mutuelles sont en tête des classements exprimant la satisfaction des clients.

Dès lors qu'un événement est vécu par le client comme un moment fort, il s'agit d'un moment critique de la relation avec l'entreprise, **un moment à risque** qu'il convient de gérer avec soin.

>> Les événements liés à la vie du fournisseur

De manière générale, **de nombreux événements de la vie de l'entreprise peuvent avoir un impact sur la communication** et la relation avec ses clients.

Ce sont **des événements imprévisibles**, comme la communication des concurrents, des événements de marché ou même des événements portant sur l'économie et la société.

Ce sont aussi **des événements plus récurrents**, à l'image de ces entreprises qui vivent au rythme de plusieurs acquisitions/ventes de filiales, tout au long de l'année.

Ce sont enfin **des événements structurés**, comme ceux qui sont issus des programmes de fidélisation ou des campagnes de marketing.

Dans la panoplie des événements structurés, les programmes de fidélisation représentent un sujet incontournable qui mériterait un ouvrage à lui seul. Cela constitue même le cœur d'activité de certaines entreprises comme **Fréquence Plus**.

Nous n'allons pas approfondir la question, mais simplement, en utilisant un exemple, attirer l'attention du lecteur sur une limite à ces pratiques.

> Un homme, directeur marketing d'une enseigne de distribution, est passionné de relation client et collectionneur de cartes de fidélité. Il passe une partie de son temps à étudier tous les avantages des cartes de fidélité et à optimiser leur utilisation ou plutôt leur exploitation.

Les programmes de fidélisation ne servent en rien à le fidéliser puisqu'il se contente d'optimiser la gestion de ses avantages. C'est même une véritable icône de l'infidélité, à notre sens. C'est surtout l'occasion de montrer que l'on ne fidélise pas un client, au sens de l'individu, avec un programme de fidélisation fait de points qui, lorsqu'ils sont cumulés, procurent des avantages.

Cela dit, bien sûr, les programmes de fidélisation sont des outils efficaces lorsqu'ils sont utilisés à bon escient ; ils constituent une brique essentielle de certains dispositifs relationnels, en complément du marketing de masse et du marketing direct. Leur rôle est alors de développer une relation plus personnalisée et d'établir, autant que possible, un dialogue dans la durée avec certains segments de clients.

Les campagnes de marketing sont des outils qui peuvent contribuer à l'efficacité d'une relation structurée.

exemple >>

Les équipes de **Renault** en **Espagne** ont construit un programme relationnel à base de campagnes marketing spécifiques, en fonction du cycle de vie des clients.

Considérant qu'un client renouvelle son véhicule au bout de cinq ans, entre le moment de la vente et le renouvellement prévisionnel, **Renault Espagne** a défini, pour chaque année, le nombre et la nature de ses communications.

Ainsi, lors de la première année, **Renault Espagne** envoie à ses clients un classeur pour recueillir toutes les informations sur le véhicule (notices techniques, factures d'entretiens...) mais, lors de la quatrième année, ils envoient des invitations à faire l'essai de nouveaux véhicules.

Un défi pour les entreprises

Du point de vue de l'entreprise, gérer avec efficacité la totalité des contacts clients est un véritable défi. Cela demande une grande maturité car il s'agit de coordonner l'ensemble avec pertinence et efficacité.

Sont concernées :

Les initiatives internes en matière de communication (campagnes marketing, programmes de fidélisation, publicité...) qui, elles-mêmes, distinguent différentes cibles de clientèle ;

Les initiatives des acteurs externes, mais liés au produit ou au service dans l'esprit des clients (le réseau de distribution d'un constructeur automobile, tous les « influenceurs » d'un acte d'achat...) ;

Les contacts à l'initiative des clients ou liés à la vie du produit ou du service, notamment pour dimensionner un niveau relationnel en phase avec les caractéristiques du « moment de vie » vécu par le client ;

Les événements de la vie des clients, notamment lorsque cela peut modifier la nature des produits, services ou prestations que l'entreprise peut lui proposer.

Même lorsque l'entreprise a mis en place un mode de fonctionnement satisfaisant, ou encore lorsqu'elle peut s'appuyer sur un dispositif relationnel qui a prouvé son efficacité par le passé, elle n'est à l'abri de rien. Sans que les produits, les services, l'organisation ou la culture de l'entreprise aient changé de quelque manière que ce soit, l'entreprise peut être confrontée à une brusque montée de l'insatisfaction des clients.

Ce type de situation a souvent pour effet de plonger le management dans un certain désarroi.

Pourquoi ce qui marchait bien hier ne marche plus aujourd'hui ?

Si les causes sont parfois difficiles à établir sans analyse approfondie, **le diagnostic** est en général plutôt direct :

Un décalage s'est produit entre le dispositif relationnel et les attentes des clients ;

L'entreprise ne dispose pas d'un dispositif satisfaisant de pilotage et d'alerte en la matière.

Chapitre 7

Analyser

La phase d'analyse, deuxième étape de la conception d'un plan d'action, consiste à **établir le diagnostic de l'état de la relation** multicanal en qualifiant l'efficacité du dispositif organisationnel multicanal (les hommes, les processus et les moyens) et le niveau de réponse face aux attentes des clients et à leurs comportements.

Il faut ensuite **analyser les résultats des projets et initiatives en cours** et plus généralement de l'ensemble des efforts consentis pour améliorer la relation client.

Il convient enfin de **définir la cible relationnelle** concrétisée par un dispositif organisationnel cible.

L'objectif est double. Il s'agit, d'une part d'établir un état des lieux de la relation client puis de concevoir la cible relationnelle de l'entreprise, d'autre part de faire partager à un certain nombre d'acteurs clés de l'entreprise une perception commune des enjeux, en matière de relation client, comme un préalable à l'appropriation du futur plan d'action.

Ce double objectif d'analyse et de préparation du changement **est une caractéristique clé des projets qui réussissent.**

La valeur ajoutée de la démarche réside aussi bien dans les résultats de l'analyse que dans la prise de conscience des acteurs.

Concrètement, lors de cette phase d'analyse, il s'agit d'**apprécier la nature de la relation client** et d'**établir le bilan économique de la relation, la cartographie des systèmes d'information client, le dispositif organisationnel cible.**

Apprécier la nature de la relation client

Identifier les dysfonctionnements

L'objectif est d'identifier les anomalies, les écarts ou les dysfonctionnements de la relation. Il s'agit de vérifier l'adéquation du dispositif relationnel de l'entreprise avec les attentes des clients. Il convient de repérer les défauts ou les « trous » du dispositif relationnel, comme des segments de clients négligés ou l'inadaptation d'un canal pour la vente d'un service, puis d'évaluer les risques pour l'entreprise. Il est nécessaire de savoir quels types de relations veulent les clients ou plutôt les segments de clients, puis comment l'entreprise doit y répondre, afin d'identifier les écarts et les dysfonctionnements relationnels.

Une banque régionale fut précurseur au milieu des années 90, grâce à la mise en place d'un centre d'appel. Ce dernier concentre toutes les communications téléphoniques des clients, apporte un premier niveau de réponse aux questions les plus courantes, oriente vers les agences et les conseillers de clientèle pour les sujets spécialisés. Après plusieurs années de fonctionnement harmonieux, la banque se trouve **confrontée à une diminution de la satisfaction client et, en parallèle, à une saturation du centre d'appel.**

Pourquoi un système performant s'est-il subrepticement grippé ?

L'analyse du dispositif relationnel a fourni la réponse : la banque n'a pas renouvelé ses clients, toutes ces années durant, et s'est retrouvée confrontée au vieillissement d'une clientèle dont les attentes ont évolué (un besoin de plus de contact direct au détriment du canal téléphonique).

Le dispositif relationnel n'était plus dimensionné et insuffisamment structuré pour répondre à l'évolution des attentes des clients. Conséquemment, si le centre d'appel se trouvait saturé c'est qu'il passait de plus en plus de temps à mettre directement en relation les clients avec les agences et les conseillers.

Un écart du dispositif relationnel n'est pas, pour autant, un dysfonctionnement.

Longtemps les banques ont négligé les jeunes, jugés peu rentables, préférant se concentrer sur la conquête, dès lors qu'ils deviennent rentables quelques années plus tard. Mais en l'occurrence, il s'agit d'un segment de clientèle négligé en toute connaissance de cause. Allons un peu plus loin avec cet exemple. **Une priorité sur le segment des jeunes aurait pu accélérer la mise en place d'un canal internet performant** dans les banques, ce qu'elles ont fait tardivement par rapport à d'autres secteurs d'activité. **Mais, d'un autre point de vue, était-il vraiment pertinent pour les banques de développer un canal internet performant ?**

Un slogan publicitaire nous a asséné, il y a encore peu de temps : « *Votre meilleur banquier c'est vous.* » ; cela ne fait pourtant que diminuer, aux yeux des clients, la valeur des services des banques puisque le client sait mieux « faire » que les professionnels. **Le gain de productivité est certain, comme la perte en matière d'image et de relationnel est évidente.**

On constate que le développement du canal internet n'a donc de sens que dans la perspective d'une refonte du positionnement des offres de services dans un environnement multicanal.

Apprécier le multicanal

Le multicanal est un facteur de complexité de la gestion de la relation client. On ne saurait apprécier un dispositif relationnel sans apprécier la complexité de l'agencement des relations multicanal. En la matière, chaque secteur d'activité, chaque entreprise possède ses propres spécificités.

Néanmoins, pour répondre aux besoins de formalisation de l'analyse, nous vous proposons le modèle d'agencement multicanal suivant :

Un modèle d'agencement multicanal

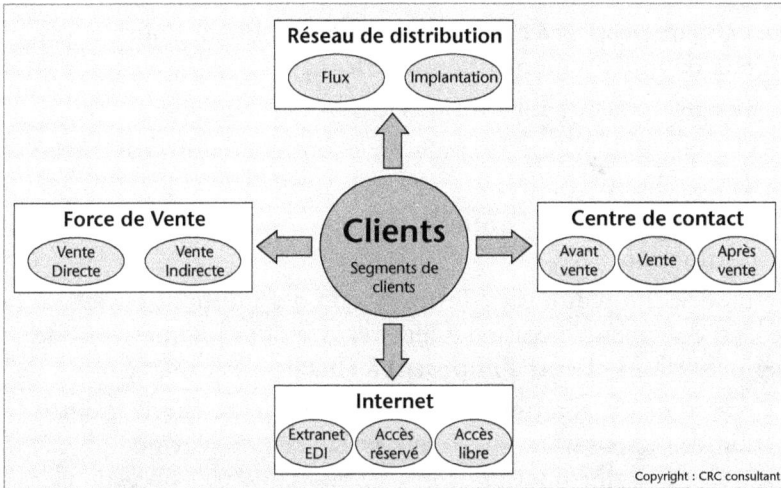

Réseau de distribution
Flux   (Implantation)

Force de Vente
Vente Directe   Vente Indirecte

Clients
Segments de clients

Centre de contact
Avant vente   Vente   Après vente

Internet
Extranet EDI   Accès réservé   Accès libre

Copyright : CRC consultant

Ce modèle n'a pas d'autre prétention que celle d'être une formalisation, certainement trop synthétique et par conséquent incomplète, à partir de laquelle il est possible d'illustrer les enjeux les plus structurants en matière de relation *multicanal.*

Le modèle distingue :

Le réseau de distribution, avec ses logiques de flux et d'implantation géographique ;

La force de vente, avec des logiques de fonctionnement distinctes selon qu'il s'agit de vendre en direct ou d'inciter à la vente ;

Le centre de contact, dont le rôle change en fonction du cycle de vie des clients, que ce soit pour les appels entrants ou sortants ;

Internet, avec des logiques d'accès et des niveaux de sécurité qu'il est possible d'adapter en fonction des segments de clients ;

• les *extranets* (pour des échanges automatisés entre les systèmes d'information d'entreprises distinctes),

• les *internets sécurisés* (de l'accès par le client aux informations le concernant telles que commandes ou factures, jusqu'à la vente en ligne),

- l'internet *libre* (plus dans une logique de communication ou dans l'animation de communautés d'intérêts).

Aux enjeux propres à chacun des canaux viennent s'ajouter des enjeux de fonctionnement en multicanal :

Le basculement d'internet vers le centre de contact ;

Le support du centre de contact à la force de vente ou au réseau de distribution ;

La complémentarité entre la force de vente et les réseaux de distribution.

Le modèle, ou plutôt cette formalisation d'un dispositif multicanal, est également l'occasion d'illustrer le fait que **les questions de segmentations clients s'imposent à chacun des canaux.**

Le réseau de distribution : par exemple dans le secteur de la distribution, les responsables marketing savent, d'une part que plus la zone de chalandise d'un magasin est importante plus on peut aller loin dans la segmentation (un hypermarché qui attire une cible large, s'adapte aux particularités locales des consommateurs), d'autre part que plus le concept de ce qui est vendu en magasin est « segmentant » (les jeunes femmes de 20 à 30 ans…) moins on a besoin de s'adapter au contexte local (les boutiques se ressemblent toutes).

La force de vente : le cas **Lexmark** montre comment réorganiser une force de vente orientée produit vers un dispositif tourné vers une segmentation des clients.

Le centre de contact et internet : le cas **Rhodia EP** montre le rôle particulier attribué au centre de contact et à internet, selon les segments de clients.

Apprécier les intangibles de la relation

Pour alimenter et structurer les analyses en matière de relation client, de nombreux outils efficaces sont disponibles et notamment les représentations comportementales des clients ou les études sur les évolutions sociales (et leur impact sur les comportements d'achats).

Il existe pourtant une dimension qui, à notre sens, est mal exploitée ; il s'agit des notions « d'intangibles » dans la relation.

LES INTANGIBLES DE LA RELATION

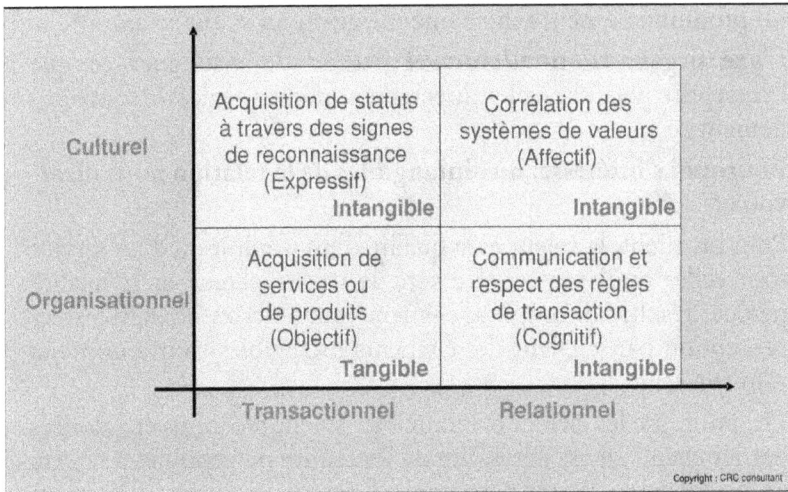

	Transactionnel	Relationnel
Culturel	Acquisition de statuts à travers des signes de reconnaissance (Expressif) Intangible	Corrélation des systèmes de valeurs (Affectif) Intangible
Organisationnel	Acquisition de services ou de produits (Objectif) Tangible	Communication et respect des règles de transaction (Cognitif) Intangible

Copyright : CRC consultant

L'exemple de la distribution en boutique permet d'appréhender simplement chacun des aspects de la grille d'analyse.

Suivons le client !

Les produits : c'est tangible et objectif, mais c'est aussi intangible s'il s'agit, à travers l'acte d'achat, d'acquérir un statut social.

Dans une boutique : c'est un lieu tangible, mais il est aussi intangible dès lors que le client s'attend à ce que l'environnement de la boutique (ce que la boutique exprime) soit en phase avec l'image des produits et des marques.

Où il va entrer en relation : c'est intangible et de l'ordre du cognitif, puisque le client attend le bon niveau d'accueil, d'écoute, d'information, de conseil et de personnalisation de la relation.

Pour acheter : c'est le moment intangible de la vente où l'on entre dans le domaine affectif ; par exemple, tous les bons vendeurs savent qu'il faut rassurer le client juste après la décision d'achat.

L'axe transactionnel/relationnel permet de distinguer ce qui peut être directement valorisé par la transaction. Un client achète un produit comme il achète une image ou un statut social. **L'axe organisationnel/culturel** permet de distinguer ce que l'entreprise peut contrôler directement par des règles de fonctionnement.

Pourquoi s'intéresser aux intangibles de la relation nous direz-vous ?

Pour un client, la valeur et la qualité d'un produit ou d'un service sont celles qu'il perçoit. Ce sont la valeur perçue et la qualité perçue, résultat d'un mix d'éléments tangibles et intangibles. La perception par le client des éléments intangibles trouve donc ici tout son sens.

Or, pour que les éléments intangibles soient reconnus et valorisés par les clients, il est nécessaire de les rendre perceptibles à travers ce que les anglo-saxons nomment « l'expérience client ». Du point de vue du dispositif relationnel, cela signifie qu'**il faut veiller à ce que les éléments intangibles de la relation soient alimentés par des avantages tangibles et confirmés à chaque contact**.

Pour chaque service intangible, l'entreprise doit se poser la question de savoir si le client a conscience des services intangibles dont il bénéficie et si tel n'est pas le cas, comment faire pour rendre tangible le service ?

Il ne s'agit pas seulement de créer des services qui constituent des avantages concurrentiels, encore faut-il que le client en ait conscience et qu'il le perçoive comme tel.

Mais n'est-ce pas aussi de la responsabilité de l'entreprise **de faire en sorte que ses clients prennent conscience de leur propre satisfaction ?**

Il s'agit, par exemple, de créer des signes qui révèlent que le service a été fourni, même si le travail accompli reste invisible car il a été accompli auparavant ou en un autre endroit.

Le verre à dent de la salle de bain des hôtels est enveloppé dans un plastique pour assurer le client que le verre a été lavé ; l'heure de préparation d'un buffet montre que l'on a fait le nécessaire pour assurer la fraîcheur de la nourriture ; la fiche accrochée sur le rétroviseur d'un véhicule en location assure le client que la voiture a été préparée et que le plein a été fait.

Établir le bilan économique de la relation

Le bilan économique de la relation apporte des éléments objectifs de réponse à deux questions introduites avec le levier 2 « valeur client » et le levier 3 « multicanal » :

L'entreprise se focalise-t-elle sur les « bons » clients ?

Le dispositif relationnel est-il rentable ?

Lorsque l'on évoque les « bons » clients, il ne s'agit pas d'émettre un jugement de valeur. Le « bon » client pour une entreprise peut être le « mauvais » pour une autre et inversement car cela dépend de leur modèle d'activité.

Ainsi, les « mauvais » clients des compagnies d'assurance (ceux qui ont les plus gros malus) sont les « bons » clients des compagnies spécialisées sur ce créneau comme **SOS Malus**.

Il s'avère que ces clients savent qu'ils en sont à leurs derniers recours et que toute infraction, tout retard de paiement signifient pour eux l'impossibilité de conduire une voiture. Face à une telle perspective, la plupart d'entre eux adaptent leur comportement, deviennent exemplaires et très rentables.

Les « bons » clients sont ceux qui concourent avec la plus grande efficacité aux enjeux majeurs de l'entreprise c'est-à-dire, dans la majorité des cas, à sa croissance et à sa rentabilité.

L'objectif du bilan économique est d'estimer la rentabilité réelle des clients et la rentabilité du dispositif relationnel.

La rentabilité réelle des clients

La perception de la rentabilité des clients est en général déformée par les systèmes de comptabilité et de contrôle de gestion. Si ces systèmes accomplissent généralement les tâches qui leur sont destinées, à savoir comptabiliser et contrôler l'activité, il serait dangereux de croire qu'ils produisent directement des informations pour lesquelles ils n'ont pas été conçus.

D'où vient la différence ? En quoi y a-t-il déformation ?

Les différences apparaissent dès lors que l'on s'intéresse aux charges affectées avec des clés de répartition.

Avec une comptabilité et un contrôle de gestion effectués affaire par affaire, ce sont les charges qui ne peuvent être directement imputées à une affaire qui produisent des écarts d'analyse. Parmi ces charges affectées affaire par affaire sur clé de répartition, certaines peuvent être attribuées directement à un client. C'est, par exemple, le coût d'un commercial dédié à un client.

En se plaçant à un niveau agrégé de données regroupant toutes les affaires d'un client, puis en systématisant l'affectation des charges directement au niveau du client, on obtient un calcul de rentabilité client le plus souvent différent de celui calculé uniquement à partir des données comptables.

Le principe est bien connu des contrôleurs de gestion. L'analyse réalisée dans plusieurs entreprises a montré que les clients qu'elles qualifiaient de « bons » clients n'étaient pas toujours ceux qu'elles désignaient en première intention.

Pour aller au-delà du principe et structurer une démarche, nous proposons de distinguer **cinq domaines majeurs dans lesquels des charges peuvent être affectées directement aux clients** ; ceci contribue à une meilleure visibilité de la rentabilité réelle de chaque client.

CINQ DOMAINES DE CHARGES AFFECTÉES

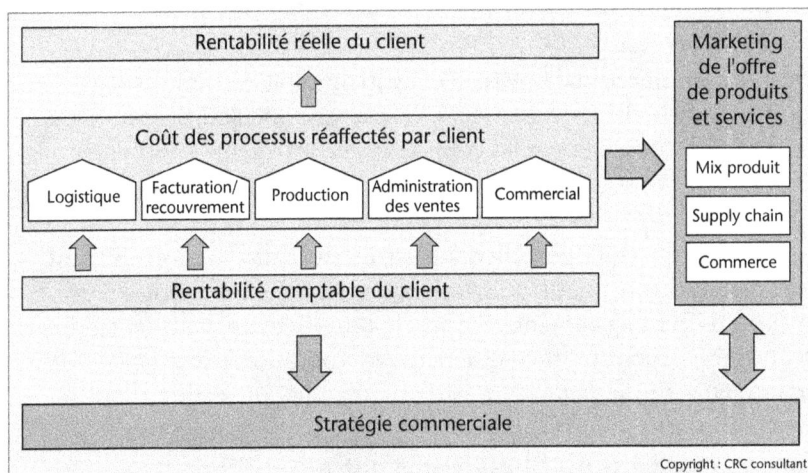

Copyright : CRC consultant

Le domaine de la *logistique* aborde des sujets tels que : le transport intersites, les coûts de livraison, les conditions de transports ou encore, la présence de stocks spécifiques.

Le domaine de la **facturation** et du **recouvrement** : les conditions de paiement, les délais de règlement ou encore le coût et le nombre de factures.

Le domaine de la **production** : le niveau de service par rapport à son coût, le coût et les délais de mise en place d'infrastructures.

Le domaine de **l'administration des ventes** : le nombre et la taille des commandes par rapport à leur coût de traitement, le nombre des avoirs et leur coût de traitement, le nombre de litiges et leur coût de traitement.

Le domaine **commercial** : les conditions commerciales, les remises, le coût des appels d'offres, le temps passé par la force de vente.

La démarche conduisant à révéler la rentabilité réelle des clients incite naturellement à l'action. Ainsi, le marketing de l'offre des produits et services y trouve des éléments objectifs pour identifier des voies d'amélioration en matière :

- **De *mix* produit**, par l'offre spontanée de produits plus rentables, par une meilleure négociation prix quantités ;

- De *supply chain* , par une meilleure négociation des conditions de transport du client, par une meilleure anticipation et une meilleure gestion des ruptures de stocks ;
- De commerce, par une meilleure attribution des « plus » marketing aux « clients méritants » et par une meilleure gestion du temps à consacrer par les commerciaux aux clients à fort enjeu.

Attention aux jugements trop hâtifs.

La rentabilité réelle des clients n'est qu'une information. Elle est un élément informatif pour la stratégie commerciale de l'entreprise qui tient également compte de l'importance des clients, des conditions économiques qui peuvent conduire à des phases de conquêtes ou de défense de parts de marché, du risque client ou encore de leur potentiel.

Dans le même esprit, il existe une différence d'appréciation des clients selon que l'on s'intéresse à la marge client en valeur absolue ou en valeur relative. Ces deux dimensions de la valeur de la marge sont en principe inversement corrélées : les plus « gros clients », ayant une puissance de négociation supérieure à celle des « petits », bénéficient de meilleures conditions et dégagent une « profitabilité » inférieure.

Ainsi, certains industriels ont même construit leur stratégie commerciale sur cette différence, en absorbant les coûts fixes par un gros volume de clients importants et en construisant le profit grâce aux petits clients.

La rentabilité du dispositif relationnel

Pour aborder la rentabilité du dispositif relationnel, nous recommandons de bien faire la différence entre deux questions distinctes :

Quelle est la rentabilité intrinsèque de chacun des canaux ?

Quelle est la contribution de chaque canal à l'efficacité du dispositif dans son ensemble ?

Nous allons nous intéresser à la contribution des canaux à l'efficacité du dispositif relationnel dans son ensemble, sans approfondir la question de la rentabilité de chaque canal en tant que tel. Cette

contribution est presque toujours difficile à apprécier, c'est pourquoi nous avons fait le choix de l'illustrer plutôt que de proposer
des réponses toutes faites.

Nous avons déjà illustré cette difficulté avec l'exemple des banques
anglo-saxonnes qui ont fermé des agences à partir d'un constat de
désaffection et d'engouement pour les canaux virtuels, avant de
faire marche arrière et d'ouvrir à nouveau les agences fermées.
**Les études de cas La Poste, Rhodia EP, Peugeot et Lafarge
Mortiers sont autant d'exemples concrets, de démarches et de
solutions différentes.**
La difficulté est liée à la complexité du sujet. Cette complexité et
les interrogations des entreprises sont apparues avec l'émergence
du multicanal. **Quelle est la rentabilité d'un développement
commercial entrepris via le canal internet ?**

**Quel est l'intérêt de la mise en place d'un centre d'appel pour
communiquer avec les clients indirects ?**

**Pourquoi développer un service sur internet alors que le même
service est disponible en agence et avec un meilleur relationnel ?**
La réponse à ces questions n'est pas simple et lorsqu'il y a une
réponse, il est également tout à fait probable que sa pertinence
évolue dans le temps.

Pour traiter cette complexité, nous recommandons **une approche
pragmatique et progressive en matière d'investissement et
d'apprentissage.**
Il conviendrait de mener une **double action** :

Définir une cible où chaque canal doit être rentable en tant
que tel ;

Planifier le développement des nouveaux canaux comme le
développement d'une nouvelle activité.

C'est en suivant ce type d'approche que **La Redoute** a développé
le canal internet avec le succès que l'on sait.

L'entreprise a commencé par constituer une équipe dédiée afin de
mener des initiatives pilote. L'équipe est ensuite montée en puissance en fonction du succès de développement des ventes par ce

canal. Aujourd'hui, l'entreprise a atteint un tel niveau de maturité dans l'utilisation du canal que l'équipe dédiée a été dissoute puis répartie dans les structures traditionnelles de l'entreprise, de la direction des systèmes d'information à la direction marketing.

La pratique montre que les responsables opérationnels ont la plus grande difficulté à s'engager sur des hypothèses de développement de chiffre d'affaires. La réalité leur donne raison car il existe bien mille et une raisons pour que ces hypothèses s'avèrent erronées. Plutôt qu'une approche planifiée, nous préconisons une approche progressive et pilotée.

Établir la cartographie des systèmes d'information clients

En matière d'outils, les entreprises ont en général déjà investi dans leurs systèmes d'information clients ; leur utilité n'est plus à démontrer. Ce sont eux qui permettent « d'historiser », d'automatiser et de partager, autant de contributions à l'efficacité opérationnelle.

Ce type d'investissement répond à deux natures d'objectifs :

Tout d'abord, **un objectif « métier »** (quelle est la contribution à l'efficacité opérationnelle ?) ;

Ensuite, vient s'ajouter **un objectif « informatique »** (comment construire un système d'information structuré ?).

Directement en relation avec chaque nature d'objectifs, **la cartographie des systèmes d'information clients permet d'établir un état des lieux et de qualifier :**

La contribution des systèmes d'information à l'automatisation des processus et à la connaissance en matière de relation client ;

La flexibilité des systèmes d'information et leur capacité à accompagner le développement de la relation client dans l'entreprise.

Concrètement, les principaux sujets en matière d'architecture sont le stockage et la fluidité des données.

Le stockage des données : garder en mémoire les informations clients et disposer des outils pour les exploiter. Ce sont des projets comme les bases de données marketing, le *datawarehouse*, le *datamining*, le décisionnel, et comme corollaire la construction de référentiels clients.

La fluidité des données : la collecte, la qualification et la transmission des données entre les différents acteurs ou points de contacts.

Ceci concerne les infrastructures réseau, les architectures de systèmes distribués, toutes les applications d'interaction avec les clients où il s'agit de partager et de rendre disponibles les données, dans chaque point de contacts, tout en veillant à définir précisément, les données utiles pour chacun des acteurs (sur chaque point de contacts).

Définir le dispositif organisationnel cible

La démarche structurée que nous préconisons pour concevoir la cible en matière de relation client s'appuie sur :

Un diagnostic du dispositif relationnel actuel, étayé par l'évaluation des dysfonctionnements de la relation, le bilan économique de la relation et la cartographie des systèmes d'information, supports de la relation ;

Un travail de conception s'appuyant sur les processus décrivant le fonctionnement de l'entreprise.

Le diagnostic relationnel va contribuer à structurer le travail de conception sur les processus, en permettant de se focaliser sur les principales sources de valeur ajoutée de la démarche : résoudre les dysfonctionnements et développer les dimensions les plus rentables du dispositif, tout en prenant en compte les aspects structurants des systèmes d'information.

Concrètement, le travail sur les processus va consister à répondre à trois questions :

- Comment faire évoluer les processus actuels vers le fonctionnement cible ou comment **rendre les processus relationnels** ?
- Quels **nouveaux processus** mettre en place ?
- Comment gérer **les contacts sans processus** ou comment gérer les hommes et les compétences au service du développement de la culture relationnelle ?

Rendre les processus relationnels

Il existe de nombreux outils pour formaliser les processus de fonctionnement d'une entreprise. L'objet n'est pas de les formaliser lors de cette phase d'analyse, mais de s'appuyer sur ce qui a déjà été fait. Et, même lorsque l'entreprise ne dispose pas de cette description formalisée des processus, il est possible d'aller à **l'essentiel en définissant** :

- **Les macro-processus** ou familles de processus impliqués dans la relation client, dont on trouve un exemple de liste dans le schéma présentant le cycle de vie standard ;
- **Les processus clés** dont on sait qu'il serait rentable de les faire évoluer.

Nous n'allons pas décrire méthodes et outils pour définir et formaliser macro-processus et processus clés. **Ce qui nous intéresse ici c'est comment faire pour rendre un processus relationnel.**

La démarche suit trois étapes :

- **Définir** les objectifs relationnels ;
- **Analyser** chaque étape des processus clés et définir les points d'amélioration qui vont permettre de mieux répondre à chacun des objectifs relationnels ;
- **Prioriser** les points d'amélioration et en vérifier la cohérence.

>>

Le cas Lafarge Mortiers

Étape 1. Les objectifs liés à des enjeux relationnels étaient au nombre de quatre :

Mieux gérer la double relation avec les clients directs et indirects ;

Améliorer la connaissance du client final afin de mieux répondre à ses attentes ;

Pratiquer un meilleur partage de l'information en interne et avec les clients et obtenir un meilleur accès à l'information client dans l'entreprise ;

Préparer l'avènement de l'e-business.

Étape 2. Les processus clés appartenaient à **deux familles de processus : les forces de vente, l'administration des ventes et la logistique.**

Étape 3. **Les points d'amélioration ont été regroupés en six domaines** : saisie et administration des commandes, préparation et négociation des prix, traitement des litiges, contrats primes de fin d'année (PFA) et commissions, prospection et prescription, politique marketing et commerciale. **Sur chacun des six domaines, il a été effectué un travail de vérification de la cohérence, de la pertinence et de la faisabilité des actions d'amélioration.**

Les nouveaux processus

Dans la plupart des cas, il y a assez peu de nouveaux processus (en tant que tel) à mettre en place. Néanmoins, le diagnostic relationnel a pu faire émerger le besoin de développer ou de transformer en profondeur certains processus tels que :

- **Un processus à un point de contact** dont la gestion était jusqu'à présent insuffisamment structurée (pour développer le *web call center*, pour intégrer de nouveaux critères de segmentation…) ;
- **Un processus de pilotage** incomplet (mesure incomplète de l'évolution des incidents relationnels…).

Dans cet esprit, la gestion des risques de crise, véritable enjeu relationnel, est souvent assez peu structurée. Il s'agit d'aller au-delà du relevé des incidents relationnels (engorgements de guichets, saturation des centres d'appels, saturation des messageries électroniques, ...) et de mettre en place les moyens de prévenir les anomalies.

UN EXEMPLE DE TABLEAU DE BORD

Anomalies	Heures d'ouverture	Postes de travail	Sous-traitance	Classification par niveau	Rappel	Changement de canal	Autres
Incidents de production							
Incidents externes							
Saison							
Vacances, RTT, ...							
Campagnes marketing, TV, ...							
Lancement nouveaux produits							

Les contacts sans processus

La dimension humaine est essentielle pour établir un dispositif relationnel efficace. Comme cela a été précisé lors de l'étude du levier 3 « multicanal », il existe un niveau où la structure et les processus apportent plus de contraintes que d'efficacité. Si nous nous référons à l'étude du levier 4 « organisation et culture », mener une évolution est autant une affaire d'organisation que de culture.

L'enjeu, pour les projets de CRM, est de responsabiliser les hommes et de développer la culture relationnelle de l'entreprise, ce qui introduit un certain nombre d'actions quant à la gestion des hommes et de leurs compétences.

À cet effet, nous retiendrons deux aspects fondamentaux.

Il faut veiller à ce que le personnel ait les capacités de répondre avec efficacité à la totalité des sollicitations clients auxquelles il est confronté, ou plus concrètement :

Du point de vue de l'organisation interne, le personnel en contact avec les clients est-il en mesure **de répondre aux sollicitations des clients avec, à chaque fois, le bon niveau relationnel** ?

Ne faut-il pas différencier et s'organiser par nature de relation, par exemple en distinguant le personnel en charge des prises de commande de celui en charge de la gestion des réclamations et des litiges ?

Du point de vue de la relation, **le personnel en contact avec les clients dispose-t-il d'au moins autant d'informations que les clients** (car dans le cas contraire il se sentira dévalorisé) ?

Le personnel a-t-il accès à toutes les informations diffusées par l'entreprise ?

Il est nécessaire d'accompagner le développement de la culture relationnelle avec des outils de pilotage adéquats, notamment en matière d'évaluation car prétendre responsabiliser sans orientation ni contrôle est pure naïveté.

Les *benchmarks*

Les approches traditionnelles d'analyse recommandent d'enrichir la démarche interne par des *benchmarks* externes ciblés sur des entreprises du secteur ou sur des entreprises assurant le même type d'activité, mais dans d'autres secteurs.

Dans le cadre du développement de la relation client, cela ne suffit pas ; il faut aller encore plus loin. Le positionnement de la relation client ne peut pas se contenter de rester dans le domaine d'un secteur d'activité donné car les attentes des clients s'inscrivent dans un contexte plus large.

Après tout, un client peut, dans la même journée, utiliser les transports en commun, prendre un taxi et faire un aller-retour en TGV ; il peut prendre son petit-déjeuner au **Sofitel**, déjeuner sur le pouce dans une boulangerie et dîner dans un restaurant gastronomique. De la même manière, il peut se rendre dans son agence bancaire, passer dans un centre commercial et louer un DVD dans le vidéoclub en bas de chez lui ; il peut se rendre à la **FNAC**, contacter **DELL** par téléphone et acheter sur internet l'ordinateur de son choix.

La perception d'une relation est liée à la relation elle-même mais également au contexte plus général des inter-relations de l'individu avec son environnement. Pourquoi suis-je agacé lorsque la caissière de mon supermarché me demande si j'ai ma carte de fidélité ? Pourquoi, au contraire, suis-je détendu lorsque mon boucher me demande des nouvelles de mes enfants ?

Pourquoi puis-je effectuer sur internet, directement et au moment qui me convient, des opérations sur mon compte en banque et pourquoi, dans la même journée, vais-je passer des heures au téléphone à faire avancer un dossier litigieux auprès de ma compagnie d'assurance ?

Les *benchmarks* externes, destinés à alimenter la réflexion sont d'autant plus riches qu'ils s'appuient sur des secteurs différents de l'entreprise.

Le choix d'autres secteurs d'activités pertinents n'est pas toujours aisé et ce d'autant plus que l'entreprise est « avancée » en matière de relation client.

L'idéal, sur un sujet donné, est de rencontrer des entreprises qui ont déjà entrepris sa mise en œuvre et qui disposent d'une courbe d'apprentissage significative. Ce n'est pas forcément courant et surtout, ce n'est pas forcément facile d'accéder aux interlocuteurs susceptibles de partager la vérité de ces initiatives. Néanmoins et à chaque fois que cela est possible, rien n'est plus enrichissant qu'un tel retour d'expérience.

Des résultats parfois inattendus

La démarche a parfois abouti à des résultats inattendus.

> **Ce fut le cas pour cette PMI du secteur chimique au moment d'analyser le bilan sur la rentabilité de ses clients.**
> Regroupés dans une même pièce, le directeur général, le directeur commercial et le directeur financier ont cherché à apprécier les raisons pour lesquelles certains « bons clients » dégageaient, après analyse et réaffectation des coûts, une marge finalement négative. En l'espace de quelques minutes, plusieurs comportements culturels datant de nombreuses années ont été remis en cause et notamment l'approche de la facturation des échantillons.
>
> En l'occurrence, le résultat le plus marquant a été de voir le directeur général prendre son « bâton de pèlerin » pour rencontrer tous ses clients traditionnels mais non rentables et leur demander une réévaluation des prix ou la diminution de certains avantages, sachant que, dans son esprit, l'alternative était très simple : soit il trouvait un arrangement, soit il arrêtait de livrer.

Cette analyse témoigne de l'efficacité du bilan économique de la relation, tel qu'il a été décrit précédemment.

> **À partir d'un niveau élevé de litiges et de réclamations dans une PME du secteur de la distribution**, l'analyse a mis en évidence, dans un premier temps, que la non satisfaction des clients provenait d'un nombre trop important d'écarts entre ce qui était inscrit sur les bons de livraison et ce que contenaient effectivement les cartons.
>
> Après des investigations plus poussées sur la chaîne de préparation des colis, l'analyse a montré que ces écarts étaient en réalité imputables à des vols lors des transports de marchandises.
>
> La solution a été de modifier le système de fermeture des cartons afin que toute ouverture soit directement visible par les clients au moment de la réception des colis. Pas de réorganisation, pas

d'acquisition de nouveaux outils, mais une solution concrète, trouvée en réponse à une alerte signalant la dégradation de la relation avec les clients.

Cet exemple montre tout l'intérêt qu'il y a à s'intéresser aux litiges et aux réclamations, dès lors que l'on adopte une approche culturelle « asiatique » qui consiste à considérer que tout dysfonctionnement détecté est une opportunité d'amélioration.

Chapitre 8

Construire

La troisième et dernière étape de la conception d'un plan d'action consiste à **définir et structurer les actions visant à atteindre la cible relationnelle**, à **définir les priorités et établir des scénarios** et enfin, à **valider le plan d'action et préparer sa mise en œuvre.**

L'objectif est double. D'une part, établir des scénarios pour atteindre la cible relationnelle et d'autre part, faire valider le plan d'action et s'assurer qu'il est partagé par les acteurs clés de l'entreprise.

Ce double objectif de construction et d'appropriation est une caractéristique clé des projets qui réussissent. La valeur ajoutée de la démarche réside aussi bien dans la qualité du plan d'action, que dans son appropriation par les acteurs.

Définir et structurer les actions

Nous avons vu, lors de la phase d'analyse, comment établir un état des lieux de l'existant et des initiatives en cours, puis comment définir une cible relationnelle. **L'identification des actions s'effectue en procédant à l'étude des écarts entre la situation actuelle et la situation cible.** Chaque action doit contribuer à faire évoluer l'entreprise vers la cible qu'elle s'est fixée.

Au final, **les actions à mener pour atteindre la cible** appartiennent à l'un des quatre domaines suivants :

Actions sur les ressources humaines, issues de l'impact de l'évolution de la culture et des processus sur les rôles, les responsabilités et les profils en matière de ressources humaines ;

Actions sur l'organisation, établies à partir de l'analyse sur les processus ;

• des actions d'optimisation,

• des actions visant à rendre les processus relationnels,

• des actions visant à renforcer certains dispositifs notamment de pilotage de la relation client (récurrents, événementiels, centralisés/décentralisés, court/long terme) ;

Actions sur les outils et les infrastructures informatiques, issues de l'impact de l'évolution des processus sur les systèmes d'information ;

Actions de gestion de projets ou de gestion de programmes, issues des besoins de mise en œuvre du plan d'action.

C'est également à ce moment qu'il est nécessaire de définir **les critères qui vont permettre de prioriser les actions** :

• La valeur tangible et intangible dégagée pour l'entreprise ;

• Le niveau de risque (humain, financier…) ;

• En fonction de ce que fait la concurrence ;

• En fonction des besoins de communication et de mobilisation (montrer régulièrement des résultats concrets pour maintenir la motivation et garantir que la transformation reste en mouvement) ;

- Les échéances, le planning ;
- La gestion des dépendances avec les projets connexes.

Définir les priorités et établir des scénarios

Les entreprises savent définir les priorités et établir des scénarios. Néanmoins, toutes les démarches menées sont confrontées à un certain nombre de difficultés similaires, que l'on retrouve d'un plan d'action à l'autre :

Comment prendre en compte les incertitudes liées à la variable « temps », surtout lorsque l'on sait, dès le départ, que l'évolution du dispositif relationnel touche des hommes dont il va falloir gérer l'apprentissage et l'évolution des comportements ?

Comment exploiter les nouvelles technologies tout en respectant les contraintes des systèmes d'information ?

Comment formaliser un plan d'action qui puisse servir de référence pour une vision partagée des objectifs ?

Limiter l'incertitude lors de la construction des scénarios

Le bon sens incite à penser que « savoir où l'on veut aller » est une condition nécessaire à la réussite d'un plan d'action efficace. En matière de relation client, la réalité est plus complexe, à l'image de tout projet de transformation d'envergure. En effet, en faisant évoluer sa culture et son fonctionnement, l'entreprise va développer une meilleure écoute et faciliter la compréhension des attentes de ses clients. **L'entreprise va apprendre et évoluer.**

En parallèle, le comportement des clients va évoluer dans le temps, en réponse au développement du mode relationnel de l'entreprise. **Les clients eux aussi vont apprendre et évoluer.**

De ce fait, la cible conçue aujourd'hui a toutes les raisons d'être différente de celle qui serait conçue demain. Connaissant la vitesse à laquelle le contexte économique évolue de nos jours, cela devient même une certitude.

Quels enseignements peut-on tirer de cette réalité ? Quelles sont les approches suivies par les projets qui réussissent ? Comment établir un plan d'action efficace lorsque l'on sait, dès le départ, que le « *savoir où l'on veut aller* » d'aujourd'hui ne sera plus le même demain ?

La démarche recommandée est de **limiter l'incertitude**, en s'appuyant sur trois règles de conception du plan d'action :

*   **gérer l'apprentissage,**
*   **implémenter étape par étape,**
*   **mesurer les progrès.**

>> Gérer l'apprentissage

Lors de la mise en œuvre de solutions, les entreprises sont confrontées à différents cycles d'apprentissage qui sont d'autant plus lourds que l'impact est fort sur les hommes et leurs compétences, sur les processus et les systèmes d'information.

Le succès du déploiement d'un nouveau processus, d'une nouvelle organisation ou d'une nouvelle technologie est d'abord contraint par la capacité des hommes à apprendre et par le temps qu'il va leur falloir pour maîtriser les nouveaux modes de fonctionnement. Cette contrainte se gère au moment de la construction du plan d'action, en prenant en compte les aspects « compétence » et « motivation ».

La gestion des compétences peut être à l'origine d'un certain nombre de mesures qui vont de la formation au recrutement de profils plus adaptés. Plus les mesures seront lourdes, plus l'impact sur le plan d'action sera fort, en matière de délai.

La variabilité de la motivation, lors de l'apprentissage des nouvelles technologies, est souvent formalisée par le cycle « Attente – désillusion – satisfaction – productivité » dont une illustration est présentée ci-après avec le cycle d'apprentissage des *Web Contact Center.*

L'APPRENTISSAGE DU WEB CONTACT CENTER

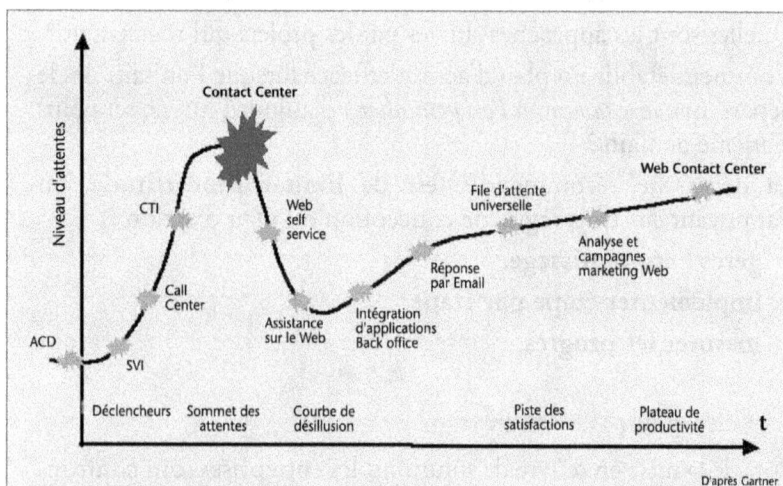

Le *Web Contact Center* est un outil susceptible d'augmenter l'efficacité et de diminuer les coûts de la relation client, en développant une interaction multicanal entre le canal web et le canal téléphonique. Ses fonctions sont notamment, de faciliter le traitement des mails entrants, de supporter conseils et assistances personnalisés pour aller au-delà d'une simple visite de site, de développer les ventes auprès des 60 % d'internautes qui affirment encore ne rien vouloir acheter sur internet sans contact direct.

La première phase du cycle d'apprentissage offre l'avantage de mobiliser plus facilement les ressources de l'entreprise. Mais le risque, par manque de résultats, est d'enchaîner sur la courbe des désillusions, ce qui entraîne une démobilisation, voire un arrêt des projets et des initiatives.

C'est pour gérer ce risque qu'il est notamment recommandé d'implémenter les évolutions étapes par étapes.

>> Implémenter étape par étape

Cela consiste à **découper, autant que possible, les actions en chantiers dont la durée de mise en œuvre ne dépasse pas 18 mois.**
Ceci offre la possibilité de faire des bilans intermédiaires, voire de réviser, à échéance, le plan d'action et son ordonnancement. Cette action permet également l'émergence de résultats intermédiaires visibles, en même temps qu'elle contribue à maintenir la motivation des équipes.

LA VISIBILITÉ DU PROJET

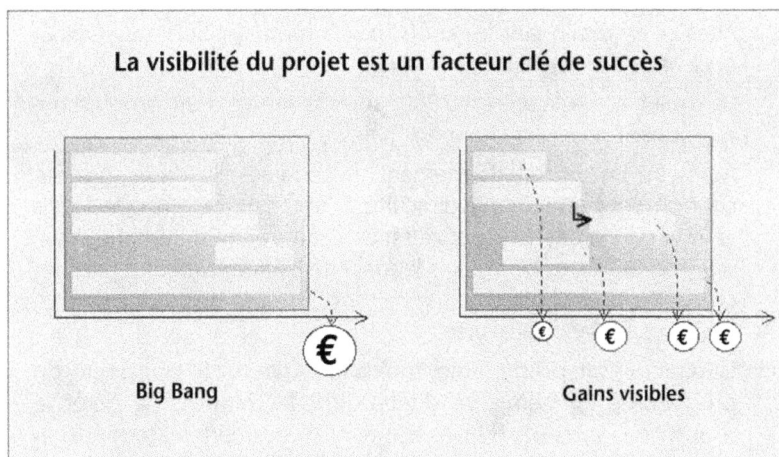

La visibilité du projet est un facteur clé de succès

Big Bang

Gains visibles

Mais pour que les résultats intermédiaires soient visibles et contribuent efficacement à mobiliser l'entreprise il est indispensable de disposer des moyens nécessaires pour mesurer les progrès.

>> Mesurer les progrès

La maîtrise des investissements demande la mise en place de métriques qui permettront de rendre visible les progrès en matière de relation client, de réduction des coûts et de génération de revenus.

Cela consiste à **mettre en place un double dispositif d'évaluation et de pilotage** du plan d'action. Le dispositif d'évaluation mesure l'efficacité de la mise en œuvre et la réalité des résultats obtenus. Il alimente le dispositif de pilotage dont l'objectif est de garantir la cohérence et la pertinence des investissements, tout au long de la mise en œuvre du plan d'action.

Le projet CRM d'une grande banque française et la façon dont il a évolué au bout d'un an illustre le besoin d'un pilotage renforcé et d'une maîtrise d'ouvrage forte.

Par ce projet, cette banque souhaitait optimiser sa relation client pour augmenter son chiffre d'affaires, en dégageant des opportunités et en diminuant les coûts, par la mutualisation des services *back office* de distribution.

Le projet a été lancé en 2000, sous la forme d'un programme regroupant plusieurs chantiers majeurs.

Après un an de fonctionnement, les équipes du projet ont été confrontées à une double difficulté. D'une part, de microdécisions en microdécisions, une dérive est constatée entre le cadrage initial du programme et l'état dans lequel il se trouve et d'autre part, les choix de priorités par chantier ne font pas assez de place à la valorisation d'enjeux transverses.

La direction de programme, moins focalisée sur le lancement du programme lui-même, se donne alors les moyens de gérer le risque : des surcoûts d'investissement et des pertes d'opportunités. Elle décidera de compléter les indicateurs de suivi de la performance du programme et de définir les indicateurs de gestion du changement, afin de suivre et de mesurer les résultats de la transformation des entités opérationnelles concernées.

Le renforcement de l'équipe de pilotage qui a suivi était encore opérationnel en 2003.

Exploiter les nouvelles technologies tout en respectant les contraintes des systèmes d'information

Il arrive un moment, plus ou moins tôt dans la démarche, où les plans d'action sont confrontés aux outils et par conséquent, aux systèmes d'information de l'entreprise. Les enjeux sont alors de deux natures :

Comment les systèmes d'information vont-ils répondre aux besoins d'évolution ?

Comment exploiter les nouvelles technologies ?

>> Comprendre les contraintes d'évolution des systèmes d'information

Souvenez-vous des réflexions suivantes : « *Il faut à la DSI (direction des systèmes d'information d'une entreprise) au moins deux ans pour sortir un projet... Les directions métiers ont développé leur outil en six mois, là où la DSI demandait deux ans... La DSI renâcle car elle doit prendre en compte des applications développées toutes seules par les directions métiers.* »

Tous ces exemples illustrent la difficulté d'une double approche :

- Celle des DSI qui cherchent à mettre en place l'architecture de système d'information et le socle technologique qui vont garantir l'évolutivité des outils support à l'activité des directions « métiers » ;

- Celle des directions « métiers » qui cherchent à bénéficier d'outils performants, au fur et à mesure de l'évolution de leur activité.

La difficulté réside dans la différence des rythmes d'évolution.

Lorsque le système d'information de l'entreprise s'appuie sur une architecture et un socle technologique performants, il est beaucoup plus facile de répondre par des échéances court terme aux besoins d'évolution des directions « métiers ». Dans le cas contraire, la DSI doit faire face à une évolution des infrastructures du système d'information dont le rythme est nécessairement à moyen terme (de 12 à 24 mois), ce qui ne correspond plus forcément aux attentes.

Ce constat illustre la nécessité d'associer en amont la DSI aux perspectives d'évolution métier, de façon à ce qu'elle anticipe, autant que possible et pour des coûts maîtrisés, l'évolution de l'architecture du système d'information et de son socle technologique.

À défaut, le risque est d'aboutir à des délais de mise en œuvre insatisfaisants et à des coûts prohibitifs, l'ensemble conduisant les directions « métiers » à limiter leurs ambitions.

>> Exploiter les nouvelles technologies

Les nouvelles technologies sont souvent de formidables opportunités à exploiter, pour peu que l'on sache bien comment s'y prendre. Cependant, choisir la démarche la plus adaptée revient souvent à trouver un équilibre entre la valeur pour l'entreprise et la maturité de la technologie (comme l'illustre le schéma ci-après).

Le choix de la meilleure démarche est directement lié au risque, en termes de coût, de pérennité et d'évolutivité.

LE CHOIX DU JUSTE ÉQUILIBRE

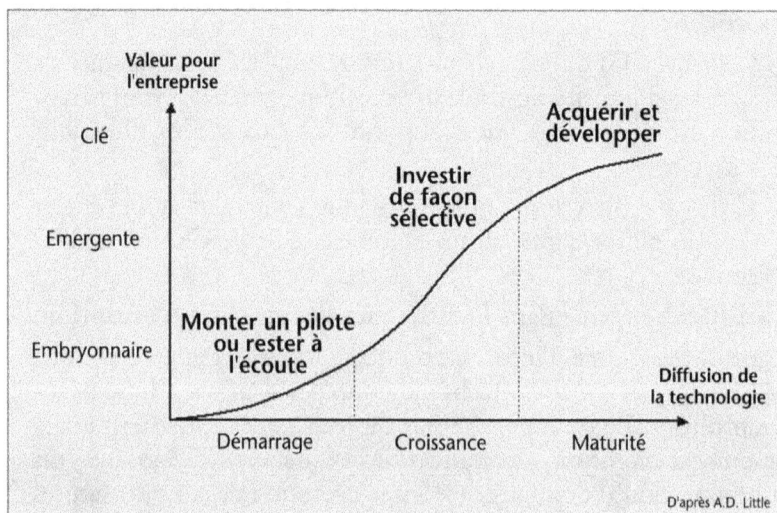

D'après A.D. Little

Il est donc recommandé de rester prudent sur les technologies en démarrage et d'investir sur les technologies matures et à forte valeur. Ce n'est que du bon sens. Ce que le schéma ne montre pas c'est qu'il existe **un risque sur les technologies matures.** En effet, le marché des technologies autour des systèmes d'informations a montré depuis 20 ans, de très fortes évolutions marquées par des ruptures technologiques, pratiquement tous les 18 mois. Pour certains, il s'agit même d'évolutions orchestrées par les acteurs de ce marché pour renouveler leur croissance, c'est sans doute vrai et faux à la fois, mais nous sommes ici hors de propos.

En revanche, c'est l'occasion de souligner **deux aspects importants :**

Il faut privilégier les pilotes (une démarche d'innovation et d'expérimentation) **pour explorer ce que de nouvelles technologies peuvent apporter à l'entreprise ;**

Il est nécessaire de rester lucide et prudent même lorsqu'il s'agit d'acquérir et d'exploiter les technologies les plus matures **car le risque est réel.**

Formaliser dans une carte de transformation

La carte de transformation est une formalisation du plan d'action qui vient en complément du planning du projet. Elle concrétise l'idée selon laquelle le processus de transformation est aussi important que le contenu même de la transformation.

Elle permet de :
• Couvrir l'ensemble des aspects du projet ;
• Faire apparaître les enjeux ;
• Décrire le chemin pour atteindre la cible ;
• Visualiser les points de départ et d'arrivée ;
• Visualiser les étapes intermédiaires ;
• De montrer l'évolution dans le temps.

La base d'une carte de transformation est l'axe du temps. Pour obtenir une telle carte, la démarche suit les étapes suivantes :

EXEMPLE DE CARTE DE TRANSFORMATION

Copyright : CRC consultant

Etapes visibles du projet CRM

Code couleur pour préciser la nature des actions

Domaines concernés par le projet

© Éditions d'Organisation

2002 - 1er semestre | 2002 - 2ème semestre | 2003 | 2004

Outil IT

Gestion du changement

Politique commerciale (prix, segmentation)

Stratégie (marques, distributeurs, alliances)

Supply Chain

Connaissance du client

- Cartographie des systèmes : architecture (cible et existant)
- Chef de projet IT
- Maquette
- Consultation des ADV logistique pour la conception de l'outil
- Key users : connaissance du détail de l'existant
- Capacité de location
- Capacité de vente et de facturation
- Gestion des droits d'accès internes
- Choix du logiciel de SFA
- Automatisation du calcul des PFA et commission : gestion des contrats par PJE
- Le 1 du SI JDE
- N° vert / azur unique avec dispatch en fonction de la région
- SFA opérationnel
- Web (accès clients)

- Clarification exhaustive des processus de validation direct, tv-direct-avoir, etc) et commission
- Cartographie exhaustive des coûts et commission
- Analyse détaillée des informations clients à partager
- Clarification exhaustive des règles de prix par clients
- Adaptation des règles de calcul de coûts
  • budget
  • répartition
  • gamme
- Changement des processus de délégation et autonomie • paramétrage des seuils d'alerte
- Mettre un processus de contrôle des données l'information sur le client indirect
- Pointage du temps des ATC
- Suivre un indicateur d'erreurs de facturation
- Rapport de visite type
- Formation des ADV à l'outil et logistique
- Interfaçage unique à la prise de commande
- Changement de culture Partage de l'information ADV
- Formation des ATC à l'outil (SFA - 2/2002)
- Changement de culture Partage de l'information ATC
- Élargir les modes de délégation aux ATC en contrepartie de l'information
- Gestion des droits d'accès clients
- Rapport de force distribution
- Rupture technologique ?
- Rupture sur le plan administratif ? (en facture mondiale)

- Promotion du « e-business par les ATC »
- Mesurer et étendre l'expérience de Toulouse
- Établissement de conventions logistique avec les grands (grand public)
- Élargir les heures d'ouverture de la prise de commande (samedi) : pilote
- Associer le client au développement (des outils, services, galerie EDI, portail, présentation, enquête web)
- Faire de la relance client pour diminuer les avoirs

- Optimisation de la gamme produits
- Gestion express
- Optimisation des transferts interusines
- Traiter le problème de décisions sur les déplacements d'encours workflow :
  • réorganisation sur le modèle de Toulouse
- Augmenter les quantités fabriquées des petites séries et diminuer celles des grandes (calcul d'optimisation à faire)
- Faire de la relance client pour diminuer les avoirs

- Choisir les domaines ;
- Définir les étapes visibles ;
- Établir la carte de transformation.

>> Choisir les domaines

La première étape de la formalisation d'une carte de transformation consiste à identifier les principaux domaines du plan d'action. Il n'y a pas de règle fixe dans le choix de ces domaines, compte tenu de la diversité des plans d'action à laquelle l'ensemble de la démarche peut conduire. L'important ici est de **faire apparaître ce qui a le plus de sens en matière de communication et d'enjeux.**

LE CHOIX DES DOMAINES

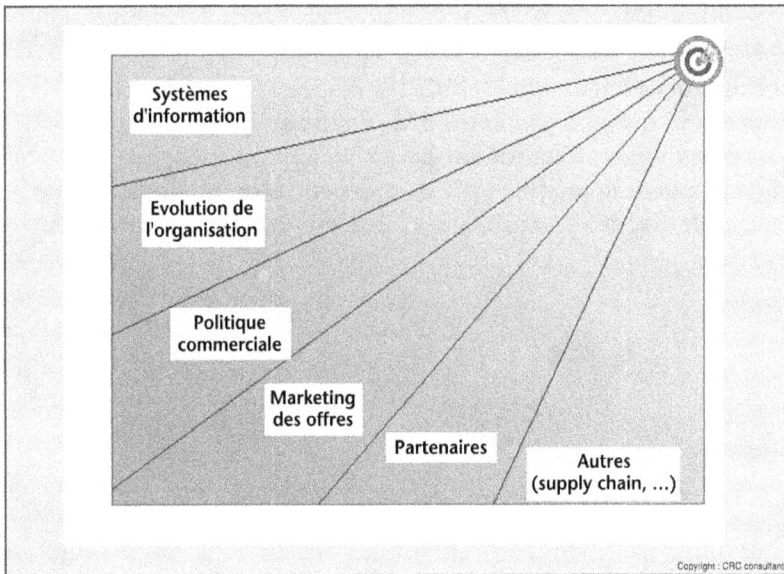

Le schéma illustre un choix possible de domaines pour la carte de transformation.

On retrouve les sujets majeurs des projets de relation client, comme autant de dimensions de la carte de transformation :

- Les systèmes d'information, pour tout ce qui concerne les outils informatiques ;
- L'évolution de l'organisation, dans ses aspects humains et processus ;
- La politique commerciale, le marketing des offres, les relations partenaires, pour tout ce qui est en relation avec la vision, la stratégie et la politique en matière de relation client ;
- Tous les autres sujets, que ce soit pour la relation avec les projets connexes majeurs de l'entreprise, ou encore l'impact sur d'autres dimensions « métiers » telles que la *supply chain*.

>> Définir les étapes visibles

L'organisation du plan d'action en étapes visibles permet de segmenter et de rendre plus visibles le retour sur investissement et la communication externe ; de plus, elle facilite la conduite du changement.

Il existe **deux façons de définir les étapes visibles**. La première approche consiste à opérer **un ordonnancement des actions qui vise à optimiser le retour sur investissement**. La seconde approche consiste à **identifier tout ce qui peut être fait jusqu'à une échéance fixée à l'avance**. La réalité est souvent une approche mixte.

LES ÉTAPES VISIBLES

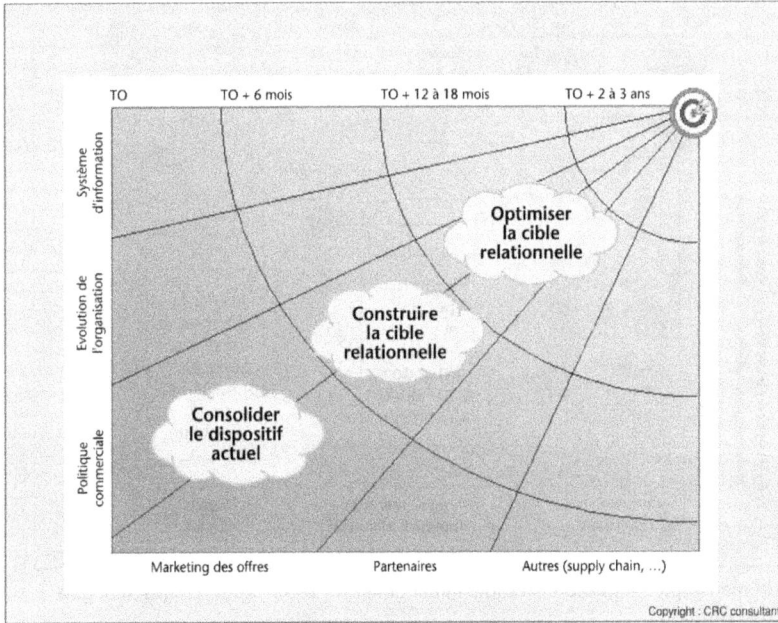

TO | TO + 6 mois | TO + 12 à 18 mois | TO + 2 à 3 ans

Système d'information

Évolution de l'organisation

Politique commerciale

Optimiser la cible relationnelle

Construire la cible relationnelle

Consolider le dispositif actuel

Marketing des offres | Partenaires | Autres (supply chain, …)

Copyright : CRC consultant

La définition des étapes visibles est donc une opération d'ordonnancement du plan d'action qui vise principalement à répondre aux enjeux de gestion du changement.

>> Établir la carte de transformation

Maintenant que la carte de transformation est structurée en domaines et en étapes visibles, il reste à alimenter chaque « case » de la carte avec les actions correspondantes.

Il est bien sûr important, à ce niveau, de ne pas surcharger la carte et ainsi d'éviter de nuire à sa lisibilité et donc à son efficacité. Cela demande le plus souvent de faire une synthèse des actions qui va devoir respecter **deux objectifs** :

• Fournir un niveau d'information suffisamment détaillé permettant la validation du plan d'action ;

• Témoigner des étapes, de la nature et de toutes les dimensions de la transformation.

LES ACTIONS À MENER

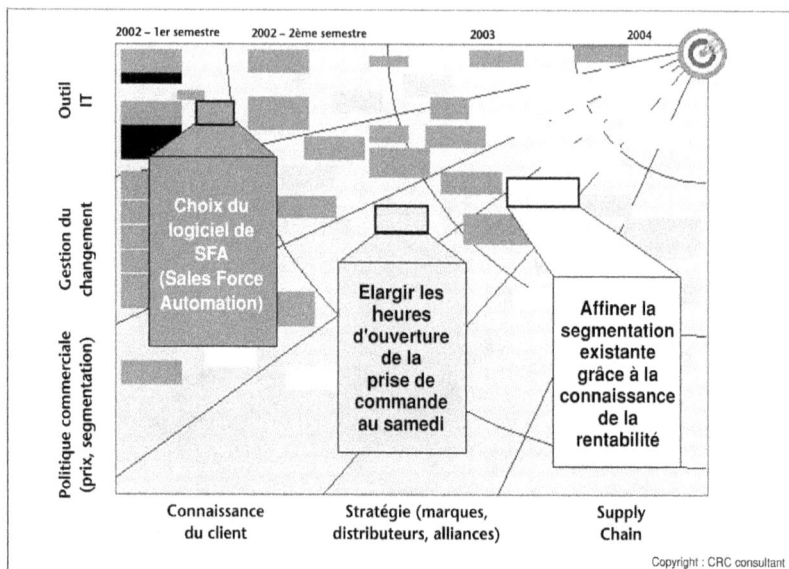

| | 2002 – 1er semestre | 2002 – 2ème semestre | 2003 | 2004 |

Choix du logiciel de SFA (Sales Force Automation)

Elargir les heures d'ouverture de la prise de commande au samedi

Affiner la segmentation existante grâce à la connaissance de la rentabilité

Connaissance du client — Stratégie (marques, distributeurs, alliances) — Supply Chain

Copyright : CRC consultant

Le schéma ci-après reprend l'exemple initial et fait un zoom sur quelques actions à titre d'illustration.

Le tableau montre également comment les différentes actions ont été regroupées dans une typologie qui distingue celles qui ont un impact sur :

- les outils informatiques,
- les ressources humaines,
- le commerce et le marketing,
- la gestion du projet.

Valider le plan d'action

Selon les contextes et les modalités choisies pour aboutir à la construction du plan d'action, plusieurs modes de restitution et de validation sont possibles.

Cela peut prendre la forme d'entretiens en direct avec les décideurs (ou le comité de direction) ou encore celle de séminaires. **Dès lors que les personnes impliquées par le sujet n'ont pas forcément l'habitude de travailler ensemble** et de manière transversale, **nous recommandons de mener un séminaire de partage et d'échanges.** Ce dernier aura pour objectif non seulement de valider le plan d'action mais aussi de développer, auprès des acteurs clés, une connaissance partagée du sujet, de la cible à atteindre et du plan d'action à mettre en œuvre pour y parvenir. **L'objectif est de lancer une dynamique favorisant le passage à l'action.**

Le format du séminaire est un facteur clé de succès car il contribue à créer le cadre d'une dynamique positive en provoquant une succession de travaux individuels et/ou collectifs.

Le partage : C'est une phase d'ouverture. Elle cherche à créer un langage commun et à faire apparaître les visions de la cible.

Les échanges : C'est une phase de concentration sur les solutions. Elle permet de tester et d'évaluer les options (tout en clarifiant les attentes) et de lever les barrières au changement.

La mise en action : C'est une phase de décision, de planification et d'engagement, tendue vers l'action. Elle donne l'occasion d'aligner les positions du groupe, de prendre des décisions et d'établir des plans d'actions en commun.

L'expérience montre que l'appropriation d'une vision et des solutions est optimum quand le séminaire s'étend sur au moins deux jours et en adoptant, si possible, un mode de séminaire résidentiel.

La démarche fait deux paris : un pari **sur les hommes** (avec la conviction de la force de l'intelligence collective) et un pari **sur le temps** (avec la certitude qu'un agenda serré favorise l'émergence d'une vision partagée).

Le résultat attendu est le « passage en revue » des orientations possibles, des participants porteurs d'une volonté de changement et des actions concrètes à mettre en œuvre rapidement.

Le séminaire de partage et d'échanges est un temps fort du processus de transformation de l'entreprise vers plus de relation client. Il est efficace à chaque fois que l'entreprise a besoin de gagner du temps, de mobiliser son intelligence collective ou d'obtenir un engagement collectif.

EXEMPLE DE SÉMINAIRE POUR QUINZE PERSONNES

9h		11h	12h30	14h30		16h		18h	19h30
Session plénière	PARTAGE	ÉCHANGES			PARTAGE	ÉCHANGES			
Accueil et présentation des enjeux de la relation client pour l'entreprise	Marque CRM Produit	2 groupes de travail - Réclamations - Qualité des services	Compte-rendu des groupes de travail	Déjeuner	Multicanal et efficacité	2 groupes de travail - Force de vente - Clients directs et indirects	Compte-rendu des groupes de travail	Intervenant extérieur	Dîner

8h		9h30	10h		12h		14h		16h		18h
ÉCHANGES			ÉCHANGES				ÉCHANGES			MISE EN ACTION	
1 groupe de travail - Rentabilité et valeur client		Compte-rendu des groupes de travail	2 groupes de travail - Fidélité - Réseau de distribution		Compte-rendu des groupes de travail	Déjeuner	2 groupes de travail - Différenciation - Communication		Compte-rendu des groupes de travail	Synthèse des groupes de travail	

Copyright : CRC consultant

Études de cas

Chapitre 9

La pratique chez Peugeot

L'expérience CRM de l'entreprise **Peugeot**, par sa richesse, sa diversité et par l'utilisation des quatre leviers déjà évoqués, est sans aucun doute représentative du bon déroulement d'un projet

Les éléments structurants de l'expérience Peugeot

Un règlement communautaire pouvant remettre en cause le mode de fonctionnement de l'entreprise **déclenche la démarche** ;

Une réflexion stratégique sur les orientations de l'entreprise associant de nombreux collaborateurs **est engagée** ;

Un plan stratégique comprenant une série d'opérations concrètes, dont un nouveau mode de gestion des clients **est ensuite établi** ;

Une réalisation pragmatique et testée est ensuite menée, par étapes successives, de façon à faire évoluer l'organisation et à rendre opérant de nouveaux processus, sans porter atteinte à la culture de l'entreprise ;

La décision est prise d'une mise en œuvre à partir des moyens informatiques et outils existants ;

Enfin, un mode de gestion industrielle de la relation client en intégrant les bons outils n'est définitivement **adopté qu'après plusieurs mois d'exploitation et après analyse** des résultats obtenus, tant auprès des clients, que dans le mode de fonctionnement de l'entreprise.

Contexte et élément déclenchant

Les évolutions structurelles des marchés conduisent, à un moment donné, les entreprises à modifier leurs modes de commercialisation et de distribution. C'est dans un tel contexte, qu'en **1998, Peugeot** a décidé de repenser son mode de distribution en Europe.

Cette réflexion était entamée à un moment où **les autorités européennes de Bruxelles annonçaient, pour 2003, la libéralisation de la distribution des véhicules.** Ceci revenait à proclamer la fin de la distribution par réseaux exclusifs et celle du mode établi des concessionnaires de marques. C'est ce que l'on a appelé **le « bloc exemption ».**

Pour préparer l'entreprise à ce qui pourrait être un bouleversement, une **réflexion en profondeur** a été conduite, avec pour objectif de mettre à plat le mode relationnel actuel de l'entreprise avec ses clients.

Très vite, **il a été établi que l'une des façons de maîtriser son marché était de mieux connaître ses clients.**

Il est ainsi apparu qu'il serait avantageux qu'il y ait une relation directe entre la marque et ses clients.

Ce concept était novateur dans le monde de l'automobile dans la mesure où, jusqu'alors et chez tous les constructeurs à travers le monde, la relation avec les clients était éclatée au travers d'un réseau de concessionnaires et d'agents.

D'où une **série de questions :**

Qui sont mes clients ?

Quelles sont leurs attentes et comment puis-je y répondre ?

Quels sont les processus qui vont me permettre d'adapter mon entreprise à ce nouveau modèle ?

Cela a conduit à repenser les processus relationnels de la marque avec ses clients. Le réseau de distribution était jusqu'alors seul en contact direct avec le client, il deviendra partenaire de la marque dans la gestion de la relation client.

Nous avons rassemblé les principaux éléments permettant de suivre les choix effectués par **Peugeot** en la matière de 1998 à 2003 :

• Les enjeux stratégiques ;
• La démarche de transformation et la création d'un CCC (Centre de Contacts Clients) ;
• Les résultats à 5 ans.

Les enjeux stratégiques

La situation du marché automobile en 1998

Le marché automobile est confronté à un grand nombre d'évolutions. Ces dernières sont particulièrement significatives en matière de distribution, en raison de la pression de la concurrence, de la dérégulation progressive en Europe, de l'implantation de nouveaux intervenants, de l'arrivée de nouveaux concepts distributifs, mais aussi de la forte accélération des progrès technologiques.

De nombreux événements réglementaires vont modifier le paysage de la distribution automobile dans les cinq ans à venir. La fin de la distribution sélective, la fin des quotas à l'importation de véhicules japonais ou bien encore l'évolution des taxes sur les véhicules (harmonisation de la TVA, autres taxes spécifiques sur l'achat et l'utilisation de véhicules, taxe sur l'énergie…) auront une influence sur le devenir des constructeurs.

>> Selon les pays, les réseaux européens se concentrent et de nouveaux acteurs apparaissent

Les évolutions observées sur le marché britannique constituent le signe avant-coureur de phénomènes de concentration qui touchent déjà l'ensemble des réseaux classiques.

La concentration et la séparation des activités liées à la distribution automobile sont également caractérisées par le développement des enseignes spécialisées.
Les franchiseurs spécialistes de la réparation rapide (**Midas** et **Speedy** principalement) qui ont bâti leur succès sur une offre limitée, très professionnelle, pratique pour le client (sans rendez-vous, prestation rapide et efficace) et compétitive en terme de prix, étendent maintenant leur gamme de services à des opérations plus complexes.

Les grossistes en pièces détachées se diversifient, en aval de la chaîne de valeur, en créant des enseignes d'accessoires et de réparation de type **Feu Vert**.

Les grands distributeurs ont également développé une activité de réparation rapide en créant parfois leurs propres chaînes (**Norauto** pour **Auchan**), en installant souvent leurs points de vente sur les sites de leurs hypermarchés et en proposant une gamme de services relativement complète.

Parallèlement à la diminution du nombre d'entreprises, de grands groupes de distribution se constituent.
Ces groupes contrôlent déjà 67 % des ventes de VN (véhicules neufs) en Grande-Bretagne, 12 % en France.

Longtemps freiné par les constructeurs (en raison des risques de modification du rapport de forces, des risques sur des volumes importants en cas de défaillance, de la crainte du « multimarquisme » et d'une pression sur les marges), leur développement est maintenant mieux perçu car il permet de maintenir la présence des marques au cœur des villes et correspond aux nouveaux schémas d'organisation des concessions (concept des plaques).

>> La configuration des réseaux et des points de vente se modernise pour répondre à de nouvelles exigences des clients

De nouveaux acteurs importants, d'origine américaine, apparaissent sur le marché des VO.

Des groupes de distribution, spécialisés sur d'autres produits, se sont diversifiés, en créant des chaînes de distribution de VO (Car Max et Auto Nation). Grâce à de nouveaux modes de commercialisation, ils connaissent un succès rapide et continuent à croître en rachetant de nombreuses concessions rentables et en ayant de bons indices de satisfaction client.

Les nouveaux entrants sur le marché des VO développent de nouveaux concepts de commercialisation, à l'intérieur des *superstores* **de VO.**

Ils ont mis en place des programmes de qualité et de standardisation de l'offre en s'inspirant des méthodes de la Grande Distribution alimentaire : nouveaux standards de « merchandising », prix compétitifs et non négociables, taux de crédits attractifs, garanties sérieuses, achat sans pression, et environnements de vente conviviaux et amusants.

Les facteurs clés de succès de ces chaînes résident évidemment dans le format de leurs points de vente et leurs techniques de commercialisation mais aussi, dans leur capacité à obtenir un flux d'approvisionnement dense et de qualité. Un tel flux ne peut être garanti que par le tissage de liens étroits avec les loueurs et les constructeurs.

De nouveaux formats de points de vente apparaissent sur le marché des VN, les *motors shows* **.**

L'organisation des points de vente et de services se modernise également avec l'apparition des « plaques » dont le principe répond à plusieurs objectifs :

Pour le constructeur, il s'agit de réduire le nombre d'interlocuteurs, en leur confiant des territoires plus vastes à gérer, au travers d'infrastructures multi-sites ;

Pour le concessionnaire, il faut optimiser la répartition géographique des activités en créant des points centraux regroupant toutes les activités et des satellites spécialisés.

L'organisation logistique de la distribution, avec la mise en place des RDC (Centres de stockages régionaux), est en cours de transformation.

>> Limiter les stocks de véhicules

Derrière ces restructurations, ce sont toujours les économies d'échelle qui sont recherchées. L'enjeu important à cette époque (fin des années 1990) est de nature logistique : comment fabriquer et livrer un véhicule en 15 jours (maximum), pour les programmes les plus ambitieux.

ÉTAT DE LA DISTRIBUTION AUTOMOBILE EN 1998
« DE LA RUE DE L'AUTOMOBILE AU SUPERMARCHÉ DE L'AUTOMOBILE »

Observatoire de la distribution automobile n°8	Rue de l'automobile (autorow)	Site multi-concession indépendants (automall)	Site multi-concession groupes de distribution (franchise cluster site)	Constructeur multimarques intégrées (dualling)	Supermarché de l'automobile (full multi-site)
Même localisation (rue ou quartier)	✔	✔	✔	✔	✔
Même site		✔	✔	✔	✔
Marketing commun		✔	✔	✔	✔
Propriétaire unique			✔	✔	✔
Management unique			✔	✔	✔
Ateliers communs				✔	✔
Ventes communes (locaux et force de vente)					✔
Exemples	RN 10 Coignières	Cerritos (USA) Avignon	Niort (PGA) Cambridge (Marshall)	Concessions de constructeurs multimarques	A venir

Ce tableau illustre, au travers de quelques exemples, l'évolution de la distribution automobile.

Les concessionnaires de marques différentes se sont regroupés dans un même « site automobile » (rue, quartier, RN 10 à Coignières...) ;

Puis il y a eu une recherche de mutualisation de moyens (marketing commun, charges partagées...), pour des concessionnaires indépendants (en Avignon par exemple) ;

Cette disposition s'est appliquée à des groupes de distribution (un propriétaire et un management uniques) ;

Ensuite, nous avons assisté au développement du multimarques (GM, Volkswagen/Audi…) avec la mise en commun de locaux et de mécaniciens dans les ateliers ;

La rationalisation des coûts de distribution, puis son optimisation peuvent conduire à une plus grande mutualisation vers le « supermarché de l'automobile ».

Depuis l'origine de l'automobile, le constructeur automobile construit, vend et entretient de façon exclusive un véhicule pour son client.

Dans le temps et par étapes successives, **on est arrivé à un nouvel ordre dans lequel c'est le client qui acquiert un droit d'usage d'un véhicule qui est financé, assuré et entretenu par un ou plusieurs acteurs.** En 2004, on imagine encore qu'il restera la marque du constructeur !

>> Les données de la distribution automobile pourraient être modifiées par l'apparition de nouveaux canaux

Les ventes de voitures sur internet se développent, en particulier aux Etats-Unis. Cette croissance est assurée par quelques grands sites qui hébergent l'offre des concessionnaires.

Les « grands comptes » (loueurs en particulier) commencent à devenir un canal de distribution particulier.

Ils sont constitués des LCD et LLD (loueurs courte et longue durée), des administrations et des services publics, des taxis, des Auto-écoles, des entreprises…

>> Apparition du concept de mobilité afin de répondre à de nouvelles attentes

Enfin, une réflexion est entamée dans le monde de l'automobile pour dépasser le concept de voiture et proposer au consommateur des réponses en terme de mobilité.

Il peut s'agir de l'usage de véhicules adaptés à chaque fonction de la vie courante : une 206 pour un usage hebdomadaire et la mise à disposition d'une 806 pour le week-end ou pour la période de vacances. C'est aussi la voiture communicante qui peut vous renseigner sur l'heure d'arrivée d'un avion, vous réserver une chambre d'hôtel dans la ville de destination, faire livrer des fleurs chez les amis à qui vous rendez visite...

La situation de la marque Peugeot dans ce contexte

Nous faisons une synthèse des analyses réalisées fin 1997, début 1998.

La marque Peugeot doit faire face aux éléments externes.

Modification de l'environnement juridique tel que nous venons de le décrire : fin du règlement actuel d'exemption en 2003.

L'euro et la réduction des écarts de prix en Europe : des écarts de prix significatifs sont encore enregistrés entre les différents pays européens et la comparaison des tarifs va devenir de plus en plus facile pour les consommateurs en Europe. Il y a une tendance à la convergence et un risque d'alignement de l'ensemble des tarifs européens sur les tarifs des pays où les prix sont les plus bas.

Le client, vecteur d'évolution du secteur automobile, n'est pas encore suffisamment situé au centre des préoccupations de la marque.

Compte tenu de l'expérience vécue dans d'autres secteurs de la distribution plus innovants, les clients attendent désormais une autre relation avec le monde automobile.

La marque a une focalisation très industrielle et pas assez commerciale :

- Les concessionnaires vendent des véhicules afin d'écouler leur stock et seul un client sur deux a la voiture qu'il souhaite ;
- La logistique actuelle ne permet pas de livrer les véhicules commandés dans un délai satisfaisant et ne répond pas aux attentes des clients.

Importance de la gestion de la marque et de la politique de fidélisation :

* Le client aspire à une marque forte, avec un positionnement clair et distinctif ; il désire une gamme adaptée à ses besoins et répondant à ses attentes ;
* Le manque de fidélisation se traduit par des taux de satisfaction clients médiocres.

Il est urgent de repenser la relation de la marque Peugeot avec le réseau, afin de rémunérer l'ensemble des acteurs de la chaîne de distribution et de promouvoir une distribution performante.

Fin 1997 Peugeot juge l'état de la marque peu satisfaisant :

* Une rentabilité médiocre ;
* Une insatisfaction du réseau ;
* Une faible attractivité vis-à-vis des investisseurs ;
* Des niveaux de stock élevés.

Les objectifs de la marque Peugeot

C'est dans ce contexte que Peugeot a décidé d'élaborer une stratégie de distribution en Europe privilégiant le client, la compétitivité, la croissance et la rentabilité.

Cette décision a été prise en symbiose avec les orientations fixées en 1997 pour 2002 par le président de **PSA**, J.-M. Folz.

Un objectif de rentabilité des capitaux employés dans le groupe PSA qui doit passer de 4,3 % (1997) à 12,5 % en 2001.

PSA intègre et continuera à intégrer **deux marques généralistes** à forte personnalité, complémentaires, et ayant une ambition mondiale.

PSA devra **se développer et augmenter la part de ses ventes à l'international.**

À terme, dans le cadre d'une **véritable politique de plates-formes**, celles-ci devront représenter 60 % des coûts des véhicules (contre 40 % aujourd'hui). Simultanément, le nombre de plates-formes sera réduit et seules 3 devraient être conservées (contre 7).

>> Objectifs

Les 3 objectifs du groupe **PSA** (croissance, rentabilité et innovation) sont déclinés pour **Peugeot** et complétés par 2 autres, relatifs aux clients et à la maîtrise de la distribution des produits et services de la marque.

Clients : la marque a décidé de se tourner vers ses clients et d'engager un processus de transformation de sa façon de procéder, pour tenir compte, beaucoup plus que par le passé, des attentes des clients.

Maîtrise de la distribution : il a été décidé de maîtriser la distribution, tant de façon directe à travers des filiales, que de façon indirecte par la promotion des standards de représentation de la marque.

Un groupe de travail important de Peugeot rassemblant une centaine de collaborateurs a défini la démarche à mettre en place pour remplir ces objectifs.

Cette démarche est adossée à 13 principes comme le précise le schéma suivant :

LA DÉMARCHE DE PEUGEOT

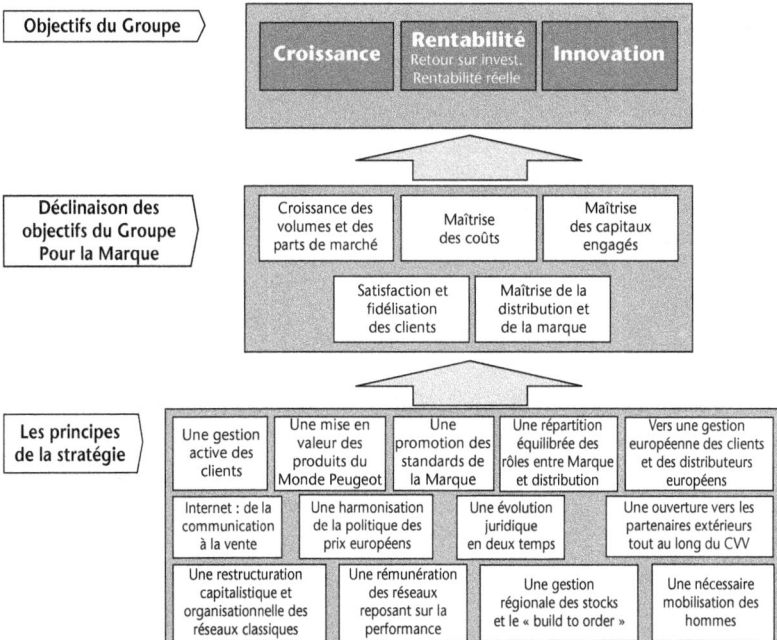

CVV : Cycle de Vie du Véhicule

L'objectif était de faire travailler les collaborateurs à l'atteinte de ces objectifs, en mettant en œuvre chacun des 13 principes. Le principe (1) « Une gestion active des clients » a été mis en œuvre dans la continuité de cette analyse stratégique qui avait clairement mis en exergue la nécessité pour Peugeot de s'orienter plus vers ses clients et d'envisager une véritable gestion de ces derniers.

LA DÉCLINAISON DES OBJECTIFS POUR LA MARQUE PEUGEOT

Les principes de la stratégie	Déclinaison des objectifs pour la Marque Peugeot				
	Croissance des volumes et des parts de marché	Maîtrise des coûts	Maîtrise des capitaux engagés	Maîtrise de la distribution et de la Marque	Satisfaction et fidélisation des clients
Une gestion active des clients	•			•	•
Une mise en valeur des produits du Monde Peugeot	•				•
Une promotion des standards de la Marque				•	•
Une répartition équilibrée des rôles entre Marque et distribution		•	•	•	
Vers une gestion européenne des clients et des distributeurs européens	•	•		•	•
Internet : de la communication à la vente	•			•	•
Une harmonisation de la politique des prix européens	•	•		•	•
Une évolution juridique en deux temps			•	•	
Une ouverture vers les partenaires extérieurs tout au long du CVV			•	•	•
Une restructuration capitalistique et organisationnelle des réseaux classiques		•	•	•	•
Une rémunération des réseaux reposant sur la performance	•	•		•	
Une gestion régionale des stocks et le « build to order »	•		•		•
Une nécessaire transformation des hommes	•	•	•	•	•

>> Les enjeux de l'orientation client

La confusion qui existe entre le constructeur, le réseau et la marque **Peugeot** laisse apparaître une vision floue de la marque aux yeux du client. Ce dernier ne connaît que la marque et rejette sur celle-ci des griefs suscités par d'autres acteurs. De plus, il semble difficile pour le constructeur et le réseau de se mettre d'accord sur l'appartenance du client ; tous deux perdent ainsi l'opportunité de profiter de leur relation avec celui-ci. Enfin, dans un marché de plus en plus fragmenté, les outils du marketing traditionnel (publicité, média, offres spéciales, remises sur les lieux de vente...) perdent de leur efficacité. Il devient alors naturel que **Peugeot cherche à personnaliser sa relation avec ses clients.**

Le contact entre la marque et le client se fait, en particulier, par le truchement du concessionnaire : quel que soit le canal de distribution, **Peugeot** veillera à ce qu'un **rapport personnalisé soit maintenu avec le client** et que la relation de proximité, qui existe avec le concessionnaire, soit préservée.

La marque assurera la « traçabilité » du véhicule (collecte de toutes les informations sur les opérations réalisées par le réseau **Peugeot** sur un produit) **et du client** (connaître son profil, l'historique de sa relation avec la marque).

De plus, **Peugeot** a suffisamment de légitimité pour garantir la complémentarité entre le marketing de masse (ou transactionnel) et le marketing personnalisé (ou relationnel).

De nombreuses sociétés d'autres secteurs (grande consommation en particulier) tirent déjà parti de ces avantages et utilisent de plus en plus des outils plus ciblés et plus personnalisés, comme le « couponing électronique », les cartes privatives ou les clubs de consommateurs.

Comme le précise *l'Automobile sans concession* dans un article datant de 1998, **deux principes guident la stratégie de marketing relationnel** :

- **Le souci de la valeur client** qui consiste à sélectionner les clients les plus rentables et à privilégier la relation avec ces derniers ;

- **La préférence donnée à un dialogue permanent avec les clients** et qui s'effectue à double sens ; celui-ci permet d'adapter la stratégie générale de l'entreprise (décisions marketing, orientations vers tel ou tel canal, choix de développement de nouveaux produits...) aux évolutions des attentes des consommateurs.

Pour répondre à ces enjeux, il est nécessaire de constituer des bases de données régulièrement alimentées et rassemblant toutes les informations utiles sur les clients finals.

La démarche de transformation et la création d'un CCC (Centre de contacts clients)

Nous allons nous concentrer sur la mise en œuvre du principe (1) qui occupe, de façon très active, toute l'entreprise en 2003.

Maximiser la satisfaction des clients par une gestion active de la relation marque-clients

Pour répondre aux deux objectifs de croissance et de rentabilité, la marque a décidé de maximiser la satisfaction client, à partir de cinq éléments :

Les services proposés ;
Le canal de distribution ;
L'approche et la relation commerciale avec le client ;
Les opportunités de l'amélioration de l'image de marque ;
Un système de mesure de la satisfaction clientèle.

Les services proposés

Il conviendra d'élargir la gamme de services offerts, en ce qui concerne **l'entretien du véhicule** (*package* d'entretien complet sur toute la durée de vie du véhicule, forfaits sur certains types d'entretiens, solutions personnalisées en matière de gestion des flottes...). Cette offre existe déjà en France (**Peugeot rapide** depuis 1996).

Concernant **les opérations de réparation rapide**, le réseau **Peugeot** devra offrir les mêmes prestations que les spécialistes (professionnalisme, absence de prise de rendez-vous, plages horaires, devis garantis...).

La marque devra également s'associer à différents partenaires pour être en mesure de proposer de **nouveaux services répondant aux besoins de mobilité du client** (formules permettant d'utiliser différents véhicules selon la période de l'année, combinaison avec d'autres moyens de transport...).

Le canal de distribution

La marque **Peugeot doit déterminer les canaux de distribution correspondant à chacune des cibles de clientèle** ; quel est le « bon mix » des canaux, pour chaque marché.

Pour chacun des canaux sélectionnés, Peugeot devra définir ses standards : aspects du réseau, métiers, compétences et comportements.

Les points de vente devront être aménagés de manière plus conviviale et plus personnalisée autour de la marque, afin de développer une culture Peugeot et de répondre aux attentes de segments clients spécifiques, de plus en plus importants (les jeunes, les femmes et les seniors).

L'approche et la relation commerciale avec le client

Afin de renforcer la confiance du client, **la transparence doit être assurée en matière de prix.**

L'interlocuteur du client doit jouer plus un rôle de conseiller, d'accompagnateur que de négociateur.

Les opportunités d'amélioration de l'image de marque.

De nouveaux axes de communication seront développés :

Promouvoir les « qualités visibles » du véhicule ;

Donner une image plus innovante de la marque ;

Mettre en avant le coût d'utilisation modéré d'un véhicule **Peugeot.**

Un système de mesure de la satisfaction clientèle dans les principaux pays d'Europe

Fidéliser les clients

>> La mise en œuvre d'une politique de fidélisation

Celle-ci passe par le développement de plusieurs outils.
Il est nécessaire de constituer **une base de données clientèle.**

L'accumulation d'informations sur les clients devra permettre à la marque **Peugeot** d'anticiper leurs attentes et d'adopter **une attitude proactive** plutôt que réactive à leur égard (proposer des services ou des produits en avance, lui rappeler les échéances concernant l'entretien de son véhicule…).

Un centre de contacts clients serait un avantage certain comme outil de fidélisation : orientation du client vers le réseau, proposition instantanée de produits/services, alimentation de la base de données, standardisation du contact et application de standards de qualité, soulignant le professionnalisme de la marque.

La qualité du service que le client reçoit dans les points de vente est probablement l'élément qui influe le plus sur sa satisfaction et donc sa fidélisation au réseau et à la marque. Afin de garantir le niveau de professionnalisme que le client est en droit d'exiger, la marque doit généraliser la mise en œuvre de standards de présentation (qui existent déjà dans certains pays, y compris les importateurs) et étendre, à l'ensemble des territoires, les services normés.

>> Le concept de CVV (Cycle de Vie du Véhicule)

Le concept a pour objectif de garantir la pérennité de la relation du client à la marque.
Ce concept repose sur trois principes :
- Le client vient chez Peugeot avec plaisir et y revient ;
- La marque Peugeot recherche une efficacité durable de sa relation client ;
- La marque Peugeot doit avoir une image de marque affirmée et fondée sur une promesse client tenue.

© Éditions d'Organisation

Tout véhicule de la marque **Peugeot** acheté par un client passe par différents stades.

Le client devra pouvoir retrouver la marque Peugeot à toutes les étapes du cycle de vie de sa voiture et au travers d'une offre la plus professionnelle possible :

* Chez un interlocuteur capable de répondre à tous les besoins qui apparaissent pendant la vie du produit (le candidat naturel pour ce rôle est le concessionnaire ou la filiale/succursale) ;
* Chez des partenaires spécialistes de certaines étapes du cycle de vie qui seront certifiés par la marque **Peugeot** pour leur professionnalisme (compagnies d'assurance, chaînes de réparation…).

Ainsi, en fonction de la circonstance d'achat, le client qui possède une voiture **Peugeot** s'orientera « naturellement » vers l'une des deux offres.

Pour une demande spécifique et ponctuelle : partenaire spécialisé ou réseau classique.

Pour une demande plus complexe ou composée de plusieurs prestations : le concessionnaire ou la filiale/succursale, tous deux contrôlés directement par la marque **Peugeot**.

Les principaux avantages du concept du CVV (Cycle de Vie du Véhicule) pour la marque Peugeot sont :

* Entretenir un lien permanent avec son client ;
* Introduire le monde Peugeot ;
* Présenter les différentes activités de la marque et de ses partenaires.

Compte tenu de l'importance du marché des VO, il est d'autant plus critique d'assurer la traçabilité.

La réalisation du CCC (Centre de contacts clients)

>> Le traitement de la relation client en 1998 chez Peugeot

En matière de politique relationnelle, Peugeot a, en 1998, une connaissance partielle des clients qui résulte de l'indisponibilité de l'information ou de la sous-exploitation des données existantes. Le bilan de l'existant met en évidence que :

- L'information disponible concerne essentiellement les véhicules ;
- Les données issues des relances téléphoniques sont perdues, faute de structure adaptée (bases de données) ;
- Une politique de réponse a été établie au Service relation client, mais d'autres services répondent aux clients, la réponse peut donc demeurer disparate, par manque de coordination ;
- Les informations collectées ne sont pas exploitées, faute d'outil adéquat pour les stocker, les analyser et les réutiliser lors des opérations marketing ;
- Les pays ne communiquent pas entre eux la nature et le bilan des opérations marketing qu'ils entreprennent ;
- L'exploitation des informations par les réseaux demeure partielle et hétérogène ;
- Les réseaux n'exploitent pas toujours les données qu'ils peuvent récupérer (faible utilisation de la connaissance du véhicule pour relancer les clients sur des opérations d'entretien ou de contrôle technique) ;
- La qualification des fichiers est inégale dans le réseau ;
- Il n'y a pas de procédure de rappel systématique des clients ;
- Le suivi n'est pas toujours assuré ;
- De plus, en France, le réseau n'organise pas la remontée des données ;
  - L'historique des relations entre la marque et son réseau ne favorise pas cette remontée d'information ; le réseau

n'acceptera de partager sa connaissance des clients avec la marque que s'il y trouve un intérêt certain.

- Le suivi des mailings et l'utilisation des outils de marketing direct sont aléatoires d'un concessionnaire à l'autre.

- Les outils informatiques et les bases de données mis à disposition par le constructeur sont, pour certains, peu performants. D'une manière générale, le nombre d'outils est trop important et leur utilisation est difficile.

- Les fichiers sont, en général, insuffisamment renseignés et par conséquent, les concessionnaires sont amenés à confier aux commerciaux un important travail de qualification de fichier. Or les vendeurs ne sont pas tous capables d'avoir la même qualité de prestation au téléphone et en négociation directe.

• Les actions de communication actuelles subissent une déperdition qui provient de trois phénomènes :

- **Le ciblage**, nécessairement imparfait, lors des campagnes de communication de masse qui aboutit à des résultats trop diffus (coûts importants par rapport à leur efficacité) ; seules la notoriété, l'appartenance et la satisfaction sont mesurées, quel que soit le client ;

- **L'inexploitation d'informations** provenant des relances téléphoniques qui suivent les mailings et des réponses à des opérations de type jeu concours (par manque d'outils adaptés) ;

- **La « surinterrogation » des clients** au même moment, résultant du problème de répartition des campagnes dans le temps et de la non gestion des contacts, sans compter les enquêtes clientèles diverses et non coordonnées.

>> La décision de création du CCC

Les groupes de travail ont rapidement convergé vers cette nécessité de créer un centre de contact, accessible tant par les collaborateurs et le réseau, que par l'ensemble des clients et prospects. Ce nouveau moyen apparaissait comme un point de convergence, le lien qui allait relier tous les systèmes relationnels existants : les nombreux sites internet très interrogés mais sur lesquels on ne gardait pas la trace du demandeur, le centre de réclamation existant où les réclamations écrites et téléphoniques étaient traitées, tous les points d'information dans l'entreprise.

Pour son universalité et sa capacité à être pro-actif, ce centre a été baptisé : **Centre de contacts clients (CCC)**.

L'ambition assignée au CCC Peugeot est de gagner des parts de marché ou, au minimum, de consolider la présence de Peugeot sur le marché de plus en plus concurrentiel de la distribution automobile.

Pour atteindre cet objectif, il convient notamment de recueillir les éléments nécessaires à la fidélisation des clients, au travers du traitement du plus grand nombre de questions qui jalonnent, au quotidien, la vie d'un client dans sa relation avec la marque.

Le CCC apparaît comme le moyen d'avoir un lien direct et continu avec les clients, quelle que soit l'évolution de la distribution.

Le fait de développer une relation privilégiée avec la marque, au travers du canal téléphone et internet et en s'appuyant sur le réseau, devrait permettre à Peugeot de se constituer une base relationnelle client indépendante des modes futurs de distribution. Le constructeur connaîtra ses utilisateurs.

>> Le CCC : quels services pour quels clients ?

Les clients du CCC

Le CCC est destiné à servir tous les clients de la marque et les prospects. Toute personne appelant le CCC est donc traitée comme un client ayant accès à une information validée, publiée ou publiable.

Le CCC doit aussi être un outil pour les acteurs de la distribution qui bénéficient de services complémentaires, via un accès sécurisé, afin d'améliorer indirectement la relation des clients et prospects avec la marque.

Enfin, le CCC doit être capable de répondre aux questions provenant de partenaires, d'associations, de la presse, de concurrents…

LA RÉPARTITION DES CLIENTS DU CCC

Un centre multicanal

La majeure partie des services proposés est disponible par téléphone, par fax, par courrier, **par télématique embarquée**, via internet, ainsi que par *intranet/extranet*, pour les acteurs de la distribution et les entités internes.

Le processus de réponse au courrier a été progressivement intégré aux activités du CCC. La réponse peut être faite, soit par écrit, soit par téléphone. Le téléphone assure plus de productivité car la demande est mieux cernée et la négociation simplifiée par le contact direct.

Afin de limiter le trafic téléphonique, le CCC peut promouvoir l'accès à l'information et aux services, via *intranet* auprès des services internes, via *extranet* auprès de certains partenaires externes.

La promotion de l'utilisation de l'informatique auprès des acteurs de la distribution (tarifs différenciés) a également un impact sur la logistique des flux d'informations, en limitant le recours au fax et au courrier.

Une vaste gamme de services

Trois grands ensembles de services ont été retenus :

- Les services accessibles aux quatre catégories d'interlocuteurs (clients, prospects, acteurs de la distribution, autres organismes) ;
- Les services spécifiques aux acteurs de la distribution de Peugeot qui viennent compléter la gamme commune ;
- Les services spécifiques aux autres organismes qui s'ajoutent également aux services de base.

Les services accessibles à tous

Comment sont traités les produits et services de la marque **Peugeot** ?

Le tableau ci-après fait apparaître des groupes d'actions types (A, B, C ou D), auxquels ont été **attachés des processus**.

Les **types A** sont relatifs à de l'information.

Les **types B** concernent des propositions de rendez-vous et l'organisation de réservations : réparation, location de véhicule, mise en place d'un financement…

Les **types C** traitent de l'organisation et de la gestion de la prestation (dépannage, assurance…).

Les **types D** sont relatifs à la gestion de la réclamation et concernent donc tous les produits et services.

LE TRAITEMENT DES PRODUITS ET SERVICES CHEZ PEUGEOT

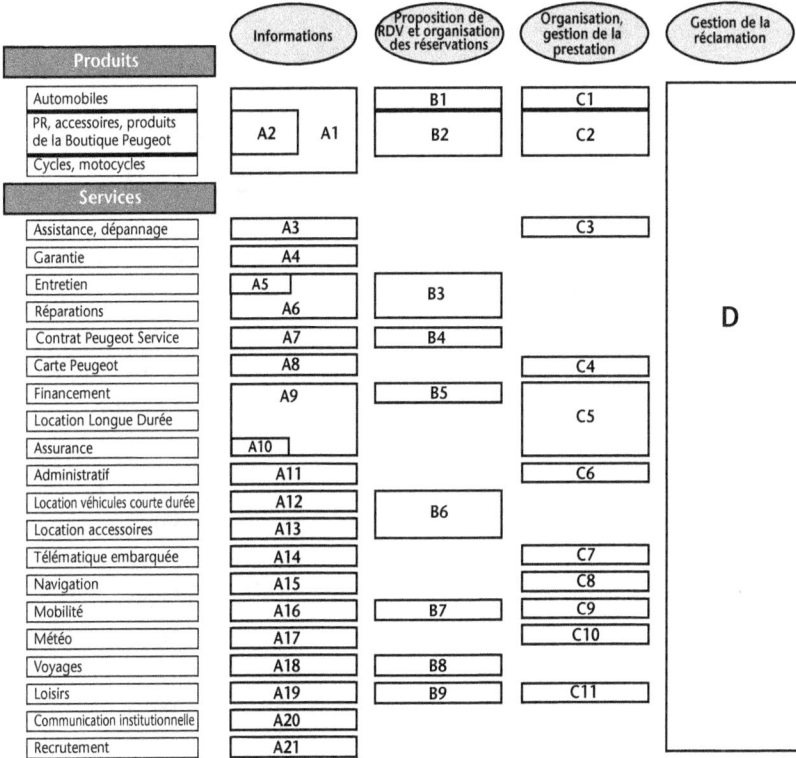

	Informations	Proposition de RDV et organisation des réservations	Organisation, gestion de la prestation	Gestion de la réclamation
Produits				
Automobiles		B1	C1	
PR, accessoires, produits de la Boutique Peugeot	A2 A1	B2	C2	
Cycles, motocycles				
Services				
Assistance, dépannage	A3		C3	
Garantie	A4			
Entretien	A5	B3		
Réparations	A6	B3		D
Contrat Peugeot Service	A7	B4		
Carte Peugeot	A8		C4	
Financement	A9	B5		
Location Longue Durée			C5	
Assurance	A10			
Administratif	A11		C6	
Location véhicules courte durée	A12	B6		
Location accessoires	A13	B6		
Télématique embarquée	A14		C7	
Navigation	A15		C8	
Mobilité	A16	B7	C9	
Météo	A17		C10	
Voyages	A18	B8		
Loisirs	A19	B9	C11	
Communication institutionnelle	A20			
Recrutement	A21			

Le déploiement des services accessibles à tous.
Le déploiement de ces services a été **progressif en fonction de trois critères.**

Les services incontournables, que la marque se doit d'offrir :

• Tout ce qui est déjà fait par Peugeot en termes de contact avec les clients (assistance, réclamations, demandes d'informations spontanées) ;

• Toutes les demandes d'informations générées par la promotion auprès du grand public du CCC ;

• Tout ce qui est lié à la prestation télématique vendue aux clients avec leur voiture (première application avec la 607) et aux services attachés.

Les services souhaitables, attendus par le client.

Les services qui vont participer à la promotion de la marque :

- Ils permettent de valoriser et de différencier l'image de la marque ;
- Un exemple de ces services est la possibilité de réserver des places pour les événements parrainés par **Peugeot** (Grands Prix de Formule 1, tournois de tennis de Roland Garros).

Quelle est la gamme de services complémentaires proposée aux acteurs de la distribution ?

Un service client permanent :

- Possibilité de « rerouter » automatiquement des appels clients aux concessions vers le CCC (en période de fermeture des concessions et en cas de saturation du standard) ;
- Possibilité de transférer un appel entre la concession et le CCC pour donner des informations supplémentaires au client.

Un accès permanent à des informations et explications :

- Informations commerciales, techniques, nouveautés en termes de produits et de services, descriptifs des opérations commerciales ;
- Informations sur les livraisons en cours, sur les commandes ;
- Informations sur la vie de l'entreprise et les événements **Peugeot** ;
- Aide à la vente et à l'organisation ;
- Informations commerciales pour le vendeur ;
- Soutien éventuel pendant la vente ou pour des périodes limitées (lancement d'un modèle par exemple), assistance aux hôtesses (type show room des Champs-Élysées) ;
- Gestion des catalogues et du matériel de PLV ;
- Organisation d'essais spécifiques ;
- Gestion des prises de rendez-vous, le concessionnaire indiquant des plages horaires où il a une baisse d'activité, afin que le CCC remplisse son agenda.

L'accès à l'ensemble de ces informations et explications est sécurisé et le niveau d'accès est défini en fonction de l'appelant.

Gestion des réclamations :

- Soutiens techniques ;
- Problèmes de livraison ;
- Relations marque/concessionnaire, dans le cadre d'un problème client (par exemple, la recherche d'informations pour traiter la réclamation du client).

Marketing direct et enrichissement des fichiers :

- Suivi de campagne (relance des clients pour les campagnes locales et nationales) ;
- Enrichissement des fichiers des concessions (fiabilisation des données, qualification des fichiers).

Formation des jeunes commerciaux à la relation client.

Comment est organisé le CCC

LE FONCTIONNEMENT DU CCC

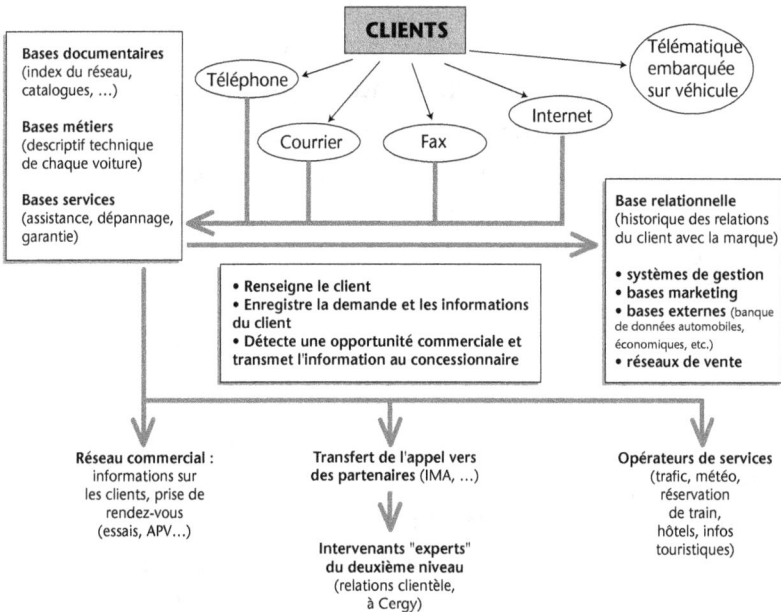

Bases documentaires (index du réseau, catalogues, ...)

Bases métiers (descriptif technique de chaque voiture)

Bases services (assistance, dépannage, garantie)

CLIENTS

Téléphone · Courrier · Fax · Internet

Télématique embarquée sur véhicule

Base relationnelle (historique des relations du client avec la marque)

- Renseigne le client
- Enregistre la demande et les informations du client
- Détecte une opportunité commerciale et transmet l'information au concessionnaire

- systèmes de gestion
- bases marketing
- bases externes (banque de données automobiles, économiques, etc.)
- réseaux de vente

Réseau commercial : informations sur les clients, prise de rendez-vous (essais, APV...)

Transfert de l'appel vers des partenaires (IMA, ...)

Intervenants "experts" du deuxième niveau (relations clientèle, à Cergy)

Opérateurs de services (trafic, météo, réservation de train, hôtels, infos touristiques)

Concrètement, il a été décidé de réaliser un centre à Lyon pour couvrir l'Europe. Ce CCC a été complété par deux autres implantations analogues au Brésil et en Argentine.

Pour l'Europe et le site de Lyon.

Une équipe basée à Paris :

- Identifie le périmètre des informations nécessaires au traitement des demandes client ;
- S'assure de la cohérence avec les autres projets (internet, télématique…) ;
- Définit les programmes de formation attachés aux produits et services Peugeot ;
- Assiste les pays dans la mise en place d'actions télémarketing ;
- Pilote la mise en œuvre de ces opérations et en assure le suivi ;
- Est la référence "métier CCC" pour la marque et l'ensemble du groupe **PSA**.

Une équipe basée sur le site :

- Assure le contrôle/pilotage du prestataire ;
- Apporte la connaissance métier de **Peugeot** ;
- Suit les indicateurs de performance en exploitation ;
- Contrôle la qualité de la réponse (écoutes) ;
- Propose, suite aux remontées clients, des évolutions de services.

Ces activités sont conduites en relation étroite avec les directions opérationnelles des pays.

>> L'élaboration du plan d'action et sa mise en place : la réalisation

De mai à juin 1998 : réflexion sur la stratégie de distribution en Europe. Le premier des 13 principes retenus : « une gestion active des clients ».

De juillet 1998 à juillet 1999 :

- Déclinaison de l'ensemble des processus relationnels entre la marque et ses clients, tant internes (concessionnaires, prestataires…), qu'externes (les conducteurs) ;

- Travail visant à rendre les processus existants transverses et relationnels ;
- Sensibilisation de tous les acteurs à leur contribution, pour enrichir la connaissance client et à la partager dans l'entreprise.

De juillet 1999 à mars 2000 : mise en place du CCC de Lyon, traitant les courriers, les *emails* et les appels téléphoniques entrants et sortants pour couvrir l'Europe.

À partir de mars 2000 : couverture progressive des différents pays d'Europe (centre comprenant 200 positions à fin 2001) :

- France, le 20 mars 2000 (n° Indigo : 3 avril 2000),
- Belgique, le 6 juillet,
- Pays-Bas, le 8 août,
- Espagne, le 3 octobre,
- Allemagne, le 12 octobre,
- Italie, le 25 juillet 2001,
- Portugal, le 23 mai 2002.

Mai 2001 :

- Suivant le même concept relationnel marque/Clients que le CCC européen, ouverture de 2 CCC au Brésil et en Argentine.

>> Les enjeux de la mise en œuvre

Nous allons faire quelques zooms sur des points clés de ce projet.

Le passage à la réalisation a été décidé quand les réponses apportées aux principales questions étaient claires pour tous les acteurs concernés de l'entreprise.

Qui sont les clients du centre d'appels (internes ? externes ?) ?

Quelle est la nature des services à déployer ?

Quels canaux faut-il utiliser ?

Comment obtenir l'adhésion au projet du réseau de concessionnaires ou des agents ?

Comment garantir l'unicité du mode relationnel décidé ?

Que peut-on demander comme information aux intéressés du service ?

Comment éviter les conflits, entre le futur centre d'appels et le centre de réclamations existant ?

Comment éviter les conflits entre le centre de contacts et le réseau de concessionnaires ou d'agents ?

Quelles compétences pour quels services dans le centre ?

Qui doit administrer le centre d'appels ?

Comment évaluer le relationnel client du centre d'appels ?

Une étude du partage des données entre les canaux a été menée.

À l'époque, une réponse a été apportée à la forme de multicanal souhaitable pour les clients, les prospects et la firme. Quelles données, sur quels canaux, et pour quels clients ?

LE PARTAGE DES DONNÉES ENTRE CANAUX

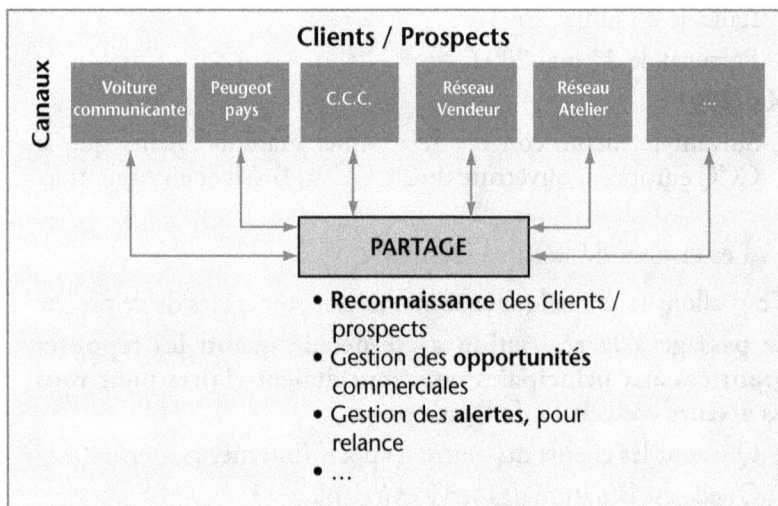

Toutes les opportunités de contact client avec la marque (quel que soit le canal) ont été identifiées.

Comme il s'agissait de créer ou d'adapter les processus relationnels entre la marque et ses clients, il était important de faire une analyse exhaustive de ceux qu'il était nécessaire de décrire tout au long du cycle de la relation client avec la marque.

Des processus ont été définis en parfaite harmonie avec les acteurs de la relation client.

Pas moins de 6 mois ont été nécessaires pour écrire, argumenter et valider les processus en sollicitant tous les collaborateurs, pratiquant ou destinés à pratiquer la relation client. Les processus ont été livrés à la direction des systèmes d'information, afin de les intégrer au système d'information de l'entreprise.

C'est cette démarche qui a véritablement conduit les collaborateurs de l'entreprise à prendre conscience de la nécessité de changer de culture en s'orientant client et à entrevoir la faisabilité de cette évolution. Les collaborateurs sont devenus les acteurs réalistes de cette transformation.

Des études économiques poussées ont été effectuées.

Un modèle sophistiqué a été développé, prenant en compte l'activité du CCC et les retombées commerciales escomptées dans le temps. La démarche a toujours été de créer un centre de profits. Des indicateurs ont été mis en place afin de valider, dans la durée, la représentativité du modèle retenu.

Le calendrier général du projet a été maîtrisé.

Le déploiement d'une nouvelle stratégie relationnelle dans une grande entreprise est complexe car l'organisation est « impactée » et de nombreux collaborateurs sont concernés.

Il s'agit d'un projet transverse lourd qui dépend de la qualité de définition des processus et de la qualité de la mise en œuvre informatique (qualité de la base de données, disponibilité des données, qualité des applicatifs et outils mis à disposition des collaborateurs).

ORGANISATION ET PLANNING DU PROJET

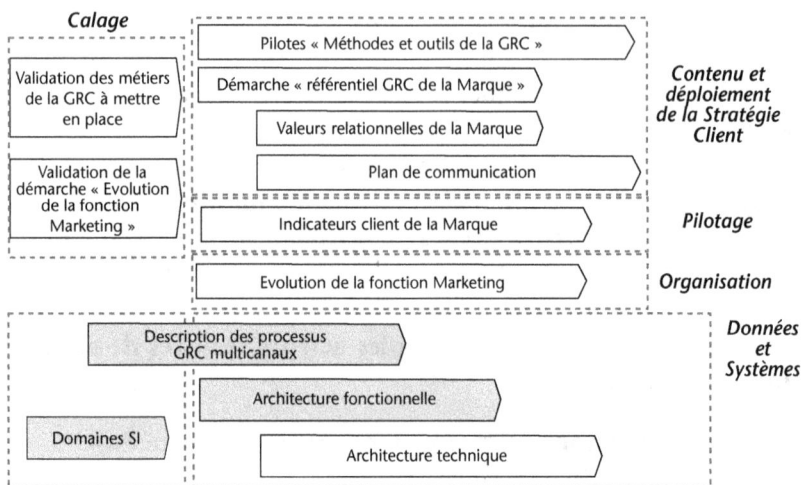

Calage		Contenu et déploiement de la Stratégie Client
Validation des métiers de la GRC à mettre en place	Pilotes « Méthodes et outils de la GRC »	
	Démarche « référentiel GRC de la Marque »	
	Valeurs relationnelles de la Marque	
Validation de la démarche « Evolution de la fonction Marketing »	Plan de communication	
	Indicateurs client de la Marque	Pilotage
	Evolution de la fonction Marketing	Organisation
	Description des processus GRC multicanaux	Données et Systèmes
	Architecture fonctionnelle	
Domaines SI	Architecture technique	

En préalable au lancement des critères de réussite ont été défini.

Le CCC a été conçu en partenariat avec les réseaux.

Les meilleures pratiques des concessionnaires ont servi de base de départ.

Le CCC a été promu, dès l'origine, comme un centre de services pour les réseaux.

Des règles précises concernant les fichiers clients et le partage d'informations ont été établies **entre les concessionnaires et le constructeur.**

La valeur ajoutée du projet dépendait très largement du système d'information.

Il était nécessaire, soit de tout mettre en œuvre pour disposer d'un système d'information performant, soit de prendre les dispositions qui s'imposaient pour compenser les défaillances (comme la disposition d'une base de données clients).

Capter l'information en tout point de contact dans un environnement multicanal, traiter l'information et la rendre utilement disponible en tout point de contact potentiel, former les collaborateurs pour qu'ils deviennent spontanément « orientés » client alors qu'ils travaillent dans un groupe industriel culturellement orienté « produit », tels sont les principaux éléments de base de la réussite.

L'accueil client a été notamment transformé en atelier. L'accent a été mis sur la nature de l'accueil : le responsable doit accueillir un client en l'appelant par son nom, l'ayant reconnu grâce à une fiche client, au lieu de recevoir un véhicule, de demander la carte grise et de découvrir le client.

Créer la transversalité entre les nombreuses sources d'information a été la solution d'attente avant de disposer d'un *datawarehouse* clients. L'effort a porté sur la mise en œuvre opérationnelle de l'ensemble des processus définis et sur leur appropriation, en utilisant souvent l'existant et en indiquant que le confort d'exploitation et la performance viendraient avec l'industrialisation en cours des solutions.

La notion de centre de profit a été un fil conducteur de la création du CCC.

La rentabilité d'un centre de relation dépend, pour une large part d'appels sortants assortis de vente de produits et de services ou de prises de rendez-vous conduisant à des ventes.

Si ce moteur que constitue la rentabilité n'est pas inscrit dans les gènes du CCC, il sera extrêmement difficile, après quelques mois d'exploitation, de transformer la dynamique des équipes travaillant sans autre enjeu que de répondre à des questions de prospects et clients.

Dès le lancement, une dynamique proactive de bon sens et opérationnelle a été définie.

Les résultats à 5 ans

Le bilan

Quel est le bilan en 2003, soit 5 ans après le début de la réflexion sur un nouveau mode de distribution en Europe ? **Rappelons que**, parmi les principes retenus et déployés par **Peugeot**, celui qui est décrit dans l'ouvrage correspond **aux choix d'une relation active et directe entre la marque et le client.** Le projet a été concrétisé par le lancement, en 2000, d'un CCC répondant aux demandes des premiers pays d'Europe ; en 2004, ce centre couvre sept pays d'Europe, à partir de deux cents positions de travail ; pour trois pays, le service est produit 7 jours/7 et 24 heures/24.

Les activités maîtrisées sur le CCC européen sont :
• Les appels téléphoniques entrants et emails pour des demandes d'informations et les réclamations ;
• Les courriers pour des demandes d'informations ;
• Les appels téléphoniques sortants pour des programmes de fidélisation, des actions de marketing direct, des campagnes de rappel et de pré contrôle technique.

Les points de satisfaction

Les pays d'Europe se sont appropriés les capacités relationnelles du CCC.

Le réseau est devenu demandeur d'opérations de contacts, de relances...

Le CCC est donc opérationnel et constitue **le socle de la gestion de la relation client de Peugeot. Il va être industrialisé avec la mise en œuvre d'un progiciel CRM** *ad hoc*.

Ce moyen nouveau constitue concrètement une bonne ouverture sur une gestion relationnelle multicanal.

Enfin, **on constate un début encourageant de collecte d'informations** sur les clients. Car la finalité de ce grand projet est de gérer le client en le connaissant mieux et en étant capable d'avoir avec lui des relations selon les modes qu'il souhaite (CCC et concessionnaires).

Les points à améliorer

Transformer des méthodes, faire évoluer des processus, modifier les organisations commerciales ne sont pas choses faciles et demandent du temps.

Créer, alimenter et fiabiliser une base de données clients demandent des efforts particulièrement importants ; définir les données utiles, faire enrichir et actualiser les données par les collaborateurs, rendre disponibles et accessibles les données, demandent des moyens techniques certes, mais aussi un changement culturel.

Un tel projet transverse, couvrant plusieurs pays, nécessite des investissements importants dont la rentabilité n'est pas immédiate, ni facilement mesurable. **Il est nécessaire mais difficile de maîtriser l'investissement.**

Parmi les objectifs restant à atteindre, demeure celui de l'augmentation des fonctionnalités et des services au réseau. La montée en charge est longue et **tous les services prévus à l'origine ne sont pas encore opérationnels.**

Citons également **un enjeu fort et nécessaire** pour la réussite d'un **centre de contacts clients** : ce dernier doit être géré comme un centre de profit. Certes au démarrage**, lorsque vous ne faites que répondre à des appels entrants ou à des réclamations, **c'est un centre de coûts** ; mais **rapidement il faut développer le « rebond commercial »** sur appel entrant et une dynamique d'appels sortants force de proposition pour des produits et services. **Seul un centre de profit est pérenne dans le temps.**

Enfin, il reste à développer des indicateurs métiers allant au-delà des indicateurs représentatifs du seul fonctionnement du centre.

Les prochains enjeux

Globalement, 2003 représente l'année charnière qui doit voir la transformation d'un outil qui a fait ses preuves et a répondu aux enjeux stratégiques de la marque en un ensemble industriel. **Il convient de consolider l'acquis et d'assurer une bonne productivité.**

On doit passer **du prototype à la série** et cela va se matérialiser par la mise en place :

- D'un outil de production adapté aux fonctions testées et éprouvées depuis trois ans ;
- L'interfaçage effectif avec les bases de données et un *dataware-house* client ;
- Le développement d'indicateurs métiers et de productivité ;
- Le développement des fonctionnalités et des services ;
- Une forte augmentation des appels sortants productifs de valeur.

Conclusion

Nous conclurons en rapportant **les propos de Christian Peugeot, directeur Marketing et Qualité de la marque**, sur qui a reposé tout ce grand projet relationnel.

En janvier 2002, il dressait un premier bilan : « Pour la première fois, une marque s'est exposée en direct à ses clients : nous recevons donc toutes les réclamations et il faut y faire face. Mais c'est le prix à payer pour connaître et échanger avec les clients. Le réseau a pris acte de cet engagement de la marque. Il est désormais demandeur auprès du CCC d'actions à mener sur le terrain. Ce succès est pour nous la confirmation du bien fondé de notre engagement dans le « CRM » en 1998. Nous sommes maintenant en mesure de passer à une 2e phase, celle de la consolidation de notre système d'information : cela veut dire choisir et mettre en place un outil de CRM pour l'ensemble de nos centres dans le monde et cela veut dire aussi mettre en place un *dataware-house* afin d'exploiter la connaissance capitalisée sur nos clients ».

Ce cas est particulièrement intéressant puisqu'il montre qu'un grand groupe a réussi sa démarche CRM en mettant en avant sa stratégie relationnelle, en décrivant les nouveaux processus en résultant, en adaptant son organisation avant de choisir les outils d'industrialisation (le bon ERP adapté) et avant de faire évoluer son système d'information.

Premier constructeur à avoir développé une relation directe avec ses clients, Peugeot commence à recueillir les fruits de cette proximité des clients.

Dernier enseignement de ce cas avec **les propos de Christian Peugeot** : « Plus que toutes les études économiques qui ont été menées et les justifications de retours sur investissement, c'est l'intime conviction des dirigeants de la marque, son directeur général, Frédéric Saint Geours en tête, qu'il était nécessaire de se lancer dans le CRM pour répondre aux attentes des clients, qui a emporté la décision de lancer ce projet. »

Chapitre 10

Les concepts
appliqués aux
Services Publics

Les spécificités de la relation

Dès lors qu'un organisme a des missions d'intérêt général, il développe des spécificités en matière de relation. Ces spécificités sont particulièrement bien décrites dans l'ouvrage *Réussir la relation usagers/clients/citoyens et Services Publics, Guide pratique* de France Qualité Publique, en des termes choisis :

« Les besoins de services publics : santé, éducation, sécurité, eau, énergie… correspondent le plus souvent à des prestations de soin, d'enseignement, d'intervention, de fourniture… que l'usager/citoyen est en **droit** d'attendre de la collectivité. Il a donc, vis-à-vis des services publics, une exigence particulière et ceux-ci ont, de ce fait, une place particulière dans la production économique et sociale.

L'organisme public, avec lequel l'usager/client/citoyen est en relation, est **l'instrument d'une politique publique** qui comporte non seulement des prestations de base (éducation, eau…), des services associés (information, réclamation…) mais aussi une mission de contribution à la cohésion sociale, économique, territoriale qui dépasse la seule prestation technique. Ayant à combiner mise en œuvre de politiques publiques et prise en compte de personnes dont les intérêts ne coïncident pas toujours immédiatement, les représentants de l'organisme ont souvent à faire preuve d'imagination, voire de pédagogie pour réaliser, autant que possible, les missions de l'organisme et obtenir la satisfaction d'un usager parfois très contraint.

Les personnes auxquelles l'organisme s'adresse ont avec lui une **relation multidimensionnelle** parfois contradictoire avec laquelle le service doit compter. Elles sont à la fois consommateurs/clients exigeants, comparant le service public avec le service privé, payant parfois de façon directe une partie de la prestation. Ces personnes sont usagers, c'est-à-dire utilisateurs et copropriétaires du service. Ils sont encore citoyens coresponsables de la gestion de la cité, soucieux des personnes en difficulté mais aussi que n'existe pas de traitement de faveur pour des personnes qui n'en ont pas besoin. Ils sont encore contribuables c'est-à-dire payant tout ou partie de prestation par leurs impôts, soucieux de moindre coût et de transparence sur la gestion des deniers publics.

Souvent **co-réalisateur** du service public dans les domaines de l'éducation, de la sécurité, de la propreté, de la santé…, l'usager/citoyen ne peut être considéré comme un simple consommateur. Il doit réaliser correctement sa partie du service (apprendre, trier ses ordures, mettre ses papiers dans le *container* adapté, respecter le code de la route, se soigner, remplir correctement le dossier, fournir les pièces jointes…) et pour cela être informé, impliqué, associé pour que ses actes plus le travail des agents publics deviennent plus performants. L'image qu'il a du service et de ses agents, la relation qui se forme et notamment lors de l'accueil sont des éléments déterminants de la réussite du service public.

Le service public est le service de tous les usagers/citoyens tels qu'ils sont : jeunes comme vieux, riches comme pauvres ou handicapés. **Pas question de rejeter une catégorie d'utilisateurs**, il faut développer une réponse adaptée à chacun avec éventuellement des types d'accueil différents, à des moments différents pour tenir compte des spécificités. Le rejet n'est pas forcément voulu. Nombre de personnes ne peuvent accéder à nombre de services publics ne serait-ce que parce qu'ils ne peuvent s'y rendre avec un fauteuil roulant, une poussette… Nombre de personnes n'ont pas recours aux services publics parce qu'ils ne connaissent pas leurs droits, qu'ils ne savent pas où s'adresser, ou parce qu'ils n'osent pas ou ont peur d'une réprimande ou d'une sanction réelle ou supposée. Le service public peut parfois apparaître compliqué et faire parfois peur.

Souvent contraint de traiter avec « l'Administration », parfois victime du sort ou de la société, l'usager ressentira plus vivement ce qu'il percevra comme une injustice ou une inadaptation supposée ou réelle du service public à son besoin. Pas facile de faire guérir d'un cancer, de trouver à chacun un emploi. Pas facile de recevoir dans des bureaux inadaptés, pour traiter de dossiers erronés ou en retard. L'agent de proximité, immédiatement dans la relation derrière le guichet, au téléphone… recevra très directement et parfois brutalement l'insatisfaction d'un usager en situation personnelle difficile. L'agent peut être placé, comme l'usager, **entre « le marteau et l'enclume »**. Cette position nécessite un sens du service public, de la relation à autrui mais aussi une formation et parfois un accompagnement adaptés. »

Un constat sévère et partagé

Le rapport 2001 de Thierry Carcenac *Pour une Administration électronique citoyenne,* destiné au Premier Ministre français, indiquait :

« A l'heure actuelle, si l'on veut faire une comparaison osée avec le monde de l'industrie, l'Administration est encore calquée sur le modèle taylorien et en forçant un peu le trait, l'on pourrait paraphraser le PDG de Motorola en disant que « l'Administration n'est pas faite pour servir le citoyen ou l'entreprise, mais pour préserver l'ordre intérieur à l'Administration », et que de ce fait, pour le citoyen, la structure administrative est de peu d'utilité et, qui plus est, qu'elle fait souvent barrière entre les citoyens et les entreprises, d'une part, et les services publics de l'autre. »

Le constat est sévère, mais la perception du citoyen est tout à fait comparable à celle de clients confrontés à des entreprises dont l'organisation est tournée sur elle-même et ses produits.

Les enjeux du multicanal

Les citoyens prennent l'habitude d'utiliser le canal qui correspond à leurs besoins, celui qui leur est le plus pratique à un moment donné. Ils vont au guichet pour obtenir un conseil, téléphonent pour demander ou communiquer des informations, se connectent sur internet ou le minitel pour s'informer ou effectuer des déclarations.

En matière de relation, le citoyen est prêt à vérifier la pertinence des informations détenues par les services publics mais il attend en contrepartie que ceux-ci puissent analyser sa situation et lui proposer les prestations dont il pourrait bénéficier. Or, tous les canaux ne peuvent offrir le même niveau d'analyse et tous les citoyens ne sont pas égaux dans l'utilisation ou l'accès à chacun des canaux (notamment du fait de la fracture numérique). Pour répondre au citoyen, les services publics sont confrontés à la définition du modèle de service multicanal à mettre en place : quel service est adapté à quel canal et pour quels citoyens, à quel moment ?

Fluidifier la circulation et le partage de l'information

Dans le monde idéal de l'usager, pour répondre à l'un de ses besoins, **il lui est possible de solliciter les services publics par le canal d'accès de son choix** et obtenir d'emblée une réponse complète et adaptée.

Du point de vue de l'Administration, répondre à cette attente demande :

- **Avant la relation**, de former ou d'informer le citoyen sur ses droits et sur les modalités d'accès aux services publics ;
- **Pendant la relation**, d'assurer l'accueil adapté à la demande (à l'hôpital, l'accueil pour une consultation est différent de celui des urgences) puis de répondre avec efficacité ce qui sera d'autant plus facile que l'Administration dispose des informations contextuelles pertinentes (les anesthésies sont moins risquées si l'on connaît au départ les allergies du patient) ;
- **Après la relation**, de garder en mémoire l'historique de la relation de façon à (s'il y a lieu) améliorer l'efficacité de la prochaine relation entre le citoyen et l'Administration.

D'autre part, les effets de la décentralisation, de l'action de l'Europe et de la mondialisation en général, sont autant de forces qui font évoluer l'organisation de l'Administration.

L'usager/citoyen n'a pas les moyens de suivre et de s'y retrouver face à la complexité du fonctionnement de l'Administration. Pour le citoyen, l'Administration doit assumer elle-même sa propre complexité et ne pas la lui faire supporter. **Pour répondre à ces enjeux, les services publics peuvent s'appuyer sur la mise en place d'une organisation et d'outils qui vont favoriser la fluidité et le partage de l'information entre les différents services et entités,** de façon à rendre transparente la complexité de l'organisation interne et à améliorer l'efficacité de la relation par la prise en compte de son historique.

Concrètement, les technologies nécessaires pour récolter, conserver et partager l'information sont aujourd'hui disponibles. La récolte des informations s'effectue à chaque opération ou contact ; la difficulté porte, avant le stockage sur le rapprochement des données face à des sources diversifiées internes et/ou externes, mais aussi sur la qualité des données elles-mêmes. La conservation des informations s'effectue dans des entrepôts de données dont les capacités s'expriment maintenant en *teraoctets* et pour un coût de stockage qui ne fait que diminuer avec le temps. La difficulté est ici plutôt d'ordre juridique avec les contraintes imposées par la CNIL qui limite la constitution de fichiers ou de base de données regroupant des informations sur un individu. Le partage des informations peut s'automatiser en développant des interfaces automatiques entre les systèmes d'information permettant, lors d'une opération, d'accéder à des informations issues de plusieurs bases de données. La difficulté est d'éviter de trop multiplier les interfaces et de rendre ainsi l'outil informatique impossible à maintenir ou alors à des coûts prohibitifs.

Mettre en place un système vertueux d'écoute et de participation des usagers

Tant que les administrations ne s'appuieront pas sur la participation du citoyen pour gagner en efficacité, ce dernier ne disposera que des élections pour exprimer ses préférences ou tout simplement son opinion. **L'élévation du niveau d'exigence des indivi-**

dus rend obsolète le système d'écoute basé essentiellement sur les élections.

Ceci provoque une **double dérive** :

- **La rupture de la crédibilité** des élus qui ne peuvent, à eux seuls, représenter les multiples préoccupations des citoyens, à l'image de la déception des nouvelles générations qui votent de moins en moins ;
- **La perte de crédibilité** des administrations perçues comme inefficaces.

Il semble aujourd'hui opportun de compléter l'écoute politique par des dispositifs d'écoute et de participation plus fins, locaux et plus réguliers, et ainsi de relayer les procédures démocratiques par des dispositifs concrets et permanents.

Impliquer les hommes et les femmes de l'Administration

La mise en place d'un système vertueux d'écoute et de participation des usagers ne réussira que si les hommes et les femmes de l'Administration y jouent un rôle moteur. Cela suppose que chacun comprenne qu'il n'est pas à lui seul détenteur de l'information et cela passe par des processus nouveaux de communication, de participation et de gestion des compétences. Concrètement, il s'agit d'accepter de se placer dans une dynamique de changement, de concentrer les efforts de chacun autour de sujets pragmatiques, d'éviter les débats idéologiques et de se focaliser sur des résultats concrets.

Une relation centrée sur l'usager/client/citoyen du service public et non sur l'Administration, le développement de la coproduction du Service Public usagers/agents représentent une véritable évolution culturelle, pour les services publics comme pour les usagers.

L'évolution est déjà en marche à l'image des nombreuses initiatives en cours dont certaines sont particulièrement visibles comme le succès de la déclaration d'impôts en ligne sur internet. À cette occasion, le fait que l'usager ne soit plus obligé de présenter ses

© Éditions d'Organisation

justificatifs traduit une profonde évolution de la nature de la relation. L'on passe d'une logique où l'Administration considère le citoyen comme un suspect (il est suspecté, donc il doit présenter des justificatifs) à une logique où l'Administration considère le citoyen comme étant de bonne volonté (il ne présente plus de justificatifs) sachant que l'Administration a le loisir et les moyens d'effectuer en parallèle les opérations de contrôle. **Le résultat final est un citoyen qui se sent mieux considéré et une administration plus efficace.**

Préparer l'avenir

La cible est claire, il s'agit de passer à une **logique d'organisation tournée vers des services aux citoyens et aux entreprises où la priorité est donnée à l'efficacité** (services simplifiés, coûts et délais allégés, citoyens et entreprises de plus en plus autonomes…) pour devenir une nation « agile », capable de s'adapter et de répondre aux effets de la mondialisation.

En revanche, les axes d'amélioration envisagés représentent un véritable défi pour les services publics. Une simple automatisation des processus actuels ne permettra pas d'obtenir les gains significatifs attendus en matière de performance. Les services publics ne pourront pas s'affranchir de passer par une **phase de reconception de leurs processus et une remise en cause de leurs structures.** Il faut prévoir et préparer de profondes évolutions de leur organisation interne avec tous leurs impacts, notamment en matière de partage d'informations, de processus de décisions et même d'adaptation de la législation.

Conclusion

Afin de jouer un rôle déterminant lors du développement de leur CRM, les directions d'entreprises doivent rechercher les gains en « business » et assurer une évolution cohérente de l'entreprise, en respectant l'équilibre entre la qualité des produits et services, la qualité de la relation client et la marque.

Pour ce qui concerne les gains en « business », au lieu de rechercher les réductions de coût en personnel, mieux vaut développer les activités et réaffecter le personnel en conséquence.

Il convient, en premier lieu d'assurer l'exploitation du portefeuille client. Il est ensuite nécessaire de développer des processus transverses et relationnels susceptibles d'améliorer les relations de l'entreprise, tant en interne avec ses collaborateurs, qu'en externe avec ses clients. Il faut procéder à la segmentation du portefeuille client, mieux connaître et mieux suivre leur rentabilité et savoir affecter des forces de ventes en conséquence.

Il est bon, enfin, de veiller à assurer une évolution cohérente de l'entreprise en respectant l'équilibre entre la qualité des produits et services, la qualité de la relation client et la marque.

Prenons l'exemple de **Peugeot** : le succès actuel de cette firme peut être expliqué par la qualité des véhicules proposés, la bonne image de la marque et son nouveau mode relationnel privilégiant la proximité avec les clients.

Un bon CRM aurait-il suffi sans de bonnes voitures ?

Suffirait-il de vendre de bonnes voitures sans un bon CRM et sans un bon mode relationnel ? Ce modèle d'action commerciale résisterait-il au temps ?

Sans la présence de la marque **Peugeot**, les produits et le CRM suffiraient-ils ?

Pensez aux entreprises qui vous ont proposé de bons produits avec un bon service relationnel et dont vous ne pouvez citer le nom, ou pire, qui ont disparu ! Les entreprises de la « nouvelle économie » de la fin des années 1990 en sont un cruel exemple.

Bibliographie conseillée

La relation client

WAYLAND Robert et COLE Paul, *Customer Connections*, Harvard Business School Press, 1997.

ALARD Pierre et DIRRINGER Damien, *La stratégie de relation client*, Dunod, 2000.

DUCROCQ Cédric, *La Nouvelle distribution*, Dunod, 2002.

Le marketing relationnel

POSTMA Paul, *The New Marketing* Era, McGraw Hill, 1999.

PEPPERS Don et ROGERS Martha, *Le One to One*, Les Éditions d'Organisation 1998. Édition US originale chez Doubleday, 1997.

LENDREVIE, LEVY et LINDON, *Mercator 7e édition*, Dalloz, 2003.

GODIN Seth, *Permission marketing*, Maxima, 2000.

Le comportement des individus

McKENNA Regis, *Tout, tout de suite*, Village Mondial, 2002.

DUBAR Claude, *La crise des identités*, PUF, 2000.

Internet et intranet

ALIN, LAFONT et MACARY, *Le projet internet*, Eyrolles, 1998.

ALIN, AMOROS et SALIOU, *L'entreprise intranet : Guide de conduite de projet*, Eyrolles, 2002.

Index
des noms propres

- **Lexmark** : cas pages 66 à 70 et pages 45, 82, 106, 124
- **Les Services Financiers de La Poste** : cas pages 46 à 55 et pages 64, 82, 106, 124
- **Rhodia EP** : cas pages 83 à 97 et pages 45, 65, 106, 124, 140
- **Lafarge Mortiers** : cas pages 107 à 119 et pages 45, 65, 82, 125, 140, 179
- **Peugeot** : cas pages 205 à 239 et pages 45, 65, 82, 106, 125, 139

Index

www.ingramcontent.com/pod-product-compliance
Lightning Source LLC
Chambersburg PA
CBHW061145220326
41599CB00025B/4363